稻盛经营哲学

解析与导入

葛树荣 著

人民东方出版传媒
People's Oriental Publishing & Media
东方出版社
The Oriental Press

图书在版编目（CIP）数据

稻盛经营哲学解析与导入 / 葛树荣 著 . — 北京：东方出版社，2022.9
ISBN 978-7-5207-2947-5

Ⅰ . ①稻… Ⅱ . ①葛… Ⅲ . ①企业经营管理－经验－日本－现代
Ⅳ . ① F279.313.3

中国版本图书馆 CIP 数据核字（2022）第 147714 号

稻盛经营哲学解析与导入
（DAOSHENG JINGYINGZHEXUE JIEXI YU DAORU）

- -

作　　者：葛树荣
责任编辑：贺　方
出　　版：东方出版社
发　　行：人民东方出版传媒有限公司
地　　址：北京市东城区朝阳门内大街 166 号
邮　　编：100010
印　　刷：北京文昌阁彩色印刷有限责任公司
版　　次：2022 年 9 月第 1 版
印　　次：2023 年 6 月第 3 次印刷
印　　数：10 001 — 15 000 册
开　　本：787 毫米 × 1092 毫米　1/32
印　　张：12.625
字　　数：194 千字
书　　号：ISBN 978-7-5207-2947-5
定　　价：68.00 元
发行电话：（010）85924663　85924644　85924641

- -

序　言

我于 2010 年初读《活法》，深受震撼，一心向往，随即开始关注稻盛经营哲学。2012 年我参与山东盛和塾"稻盛哲学的企业实践与落地"辅助工作，提出"哲学落地诊断分析的飞机模型"，得到大家的认可与应用。稻盛经营哲学与自己的知识结构、专业领域及个人兴趣高度契合。从此，稻盛经营哲学不仅是我的专业焦点，也成为我生命的一部分。

自 2013 年起，我全面投入稻盛经营哲学的研究与实践，参与盛和塾相关研讨与实践工作，受聘稻盛和夫（北京）管理顾问有限公司/中国盛和塾讲师及多家分塾顾问。我参加了 2013—2019 年（2014 年除外）历届盛和塾世界大会、2017—2018 年西日本盛和塾忘年塾长例会、2018 年塾长京都例会、2018 年塾长福冈例会。参加了 2013—2020 年历届中国盛和塾年度报告会并主持 2014、2019、2020 年度报告会论坛。

2013 年我研发出导入稻盛哲学并编制企业哲学手册的"原浆勾兑"模型并获国家版权局有关证书。2015—2022 年我协助广东盛和塾举办 23 期《哲学手册编写与文化再造》研修营。之后，同类课程在沈阳、山东、大连、北京、上海、厦门、温州、南昌、南京、哈尔滨、呼和浩特等分塾展开。至今我已辅助百余家盛和塾内外企业导入稻盛经营哲学并发布哲学手册。

原大阪盛和塾一位资深理事曾言："稻盛经营哲学，差不多要学十年才能到入口处。"我深有同感！2012 年至今我已在盛和塾已沉淀十年，深受稻盛塾长及中外优秀塾生企业家们的教益滋养。来到稻盛经营哲学的入口处，对自己所学所思进行梳理，时机已到。

本书所谓"解析"、"解读"，只为行文需要，勉而用之。相关分享，只是作者现阶段对稻盛经营哲学的有限认知，以期抛砖引玉，助力读者学习原著。请读者以稻盛先生原著为准，反复阅读参悟。

成书之际，感谢书中案例 / 事例的提供者和被引用者，感谢引用文献的原作者、译者，感谢京瓷公司及原盛和塾日本总部事务局，感谢稻盛和夫（北京）管理顾问有限公司 / 中国盛和塾总部及各分塾，感谢青岛大学，感谢东方出版社……

葛树荣

2022 年 7 月 3 日

▮目录 CONTENTS

导入篇

基础篇

基础篇共两章，聚焦稻盛先生其人、其学及其思想源流，以及企业文化与经营哲学的基本概念。这是理解稻盛经营哲学的基础。

第一章　稻盛和夫人物研究

一、人物与人物研究

"人物"是那些对人类文化、社会有所影响并留下痕迹的人。文学人物不在本书研究范畴。本书所谓人物，特指正面人物，他们对人类文化发展与社会进步起到促进作用，并有所贡献，"立德、立功、立言"，至少居其一。照此标准，稻盛先生堪称人物，后面详叙。

人物研究是历史学、文学和政治学等学科的重要研究领域。对人物的研究，综合了社会学、心理学、语言学、文化人类学等学科范式，可称为"人物学"。曾佳敏在《人物研究的意义、原则和方法探析》一文指出了其三种方法："文本研究法、事件联系法、环境分析法。"本章将借鉴有关视角和方法，来探讨稻盛先生的人物成就、轮廓特质、成长要因等，使读者首先了解稻盛其人，并为后续内容展开打下基础。

据学者陈涛研究，日本思想家安冈正笃基于"王阳明研究"及对中国古代思想界人物研究建立了自己独特的"人物学"，进而形成其思想体系。至于人物研究的具体意义，安冈正笃指出：

大体而言，人类的精神上总是需要可以安慰他、引导他的某一种权威。在这人生中，我们的人格能真正确立而不再迷惑，这毕竟不是我们一己之力所能完成的。而且，我们的本质极为贫弱、无力、低劣，我们要经常接触、亲炙权威的人格与精神，从中摄取，受其陶冶，这样才能充实、净化并提升自己。……因此，追求精神权威的心，换言之即求师的心，就像我们的胃求食一般，是我们为了培养人格而最根本、最重要的要求。[1]

是的，稻盛先生被誉为"经营之圣"。学习稻盛先生，就是为寻求精神上的引领、净化心灵、获取内心的力量，特别是对经营者而言就是"提高心性、拓展经营"。

二、稻盛和夫人物成就

本节将以"三不朽"梳理稻盛先生的成就。"三不朽"由春秋时期鲁国大夫叔孙豹所创，《左传·襄公二十四年》记载了他与晋国大夫范宣子关于"不朽"的对话："豹闻之，'太上有立德，其次有立功，其次有立言'，虽久不废，此之谓三不朽。""三不朽"本身就是一个不朽，它横亘古今，在作为经典的人物评价标准的同时，也树立起一条中国儒家理想人格实现和人生圆满的路径，在中国思想文化史上影响甚巨。

（一）立德

"立德"是中国文化"内圣外王"、"修齐治平"的逻辑起点，也是稻盛先生所追求的。稻盛曾言："公司发展壮大的结果并非企业家值得炫耀的资本，通过奋斗而提升的人格和心性才是真正属于自己的宝贵财富。"

稻盛先生几十年如一日，持续践行自己提出的哲学原点——"作为人，何谓正确？"，并通过"六项精进"磨炼出纯粹的心灵和高贵的人格，即"提高心性"。"提高心性"是稻盛经营哲学的主旋律，就是"立德"，而"拓展经营"，即"立功"，则是其顺带的结果，也就是"厚德载物"。稻盛先生所立之德的本质特征是"利他"。稻盛先生的"立德"，具体由其"立功"而体现，亦即"功德"。

（二）立功

1. 技术成就

稻盛先生最基本的立功，是其从入职松风工业到创立京瓷，或是亲力亲为或是领导团队，所取得的一系列具有划时代意义的技术发明——从成功合成广泛用于显像管部件 U 形绝缘体的镁橄榄石，到作为京瓷独创性技术标志和里程碑的 IC（集成电路）多层封装技术（LSI 大规模集成电路）。京瓷凭借该技术，于1972 年 3 月荣获日本第 18 届大河内纪念生产特别奖。该技术也有力地支持了以美国硅谷为代表的现代信息技术的发展。技术的京瓷，这一企业形象定位，也由此确立。总之，稻盛和夫开创并命名了"精密陶瓷"领域。

2. 经营成就

经营上的"立功"，集中体现在稻盛先生的经营成就——创建两个世界五百强企业、拯救一个破产的五百强企业。此外还收购美国AVX公司、合并雅西卡、成功重建三田工业等。

先生创建的两个五百强是"京瓷"（Kyocera）和"第二电电"（现为KDDI）。这两家公司几十年的历史没有亏损记录、没有裁员记录。2010年2月，78岁的稻盛和夫应日本政府请求，零工资出任日航董事长，通过导入其经营哲学，企业扭亏为盈，2011年3月底日航的年度决算，销售额就达到了13622亿日元，营业利润达到了1884亿日元，创造了日航历史上最好的业绩，并于破产2年8个月后重新上市。

3. 慈善公益

京瓷自创业以来，在日本乃至世界各地尽己所能，或是京瓷出资或是京瓷与稻盛共同出资，长期开展慈善公益活动，以增进人类福祉、促进社会进步。面向中国的"稻盛京瓷西部开发奖学基金"，是2001年由京瓷和稻盛和夫共同出资设立的。1985年10月，京瓷向甘肃省兰州市榆中县园子乡捐赠了10kW的太阳能发电系统。以下列举稻盛先生个人出资慈善公益事业的两个代表性事例。

（1）设立稻盛财团及其京都奖

稻盛慈善公益事业代表性项目，首先是稻盛财团及其京都奖。京都奖的奖金和规模，仅次于诺贝尔奖，被称为亚洲的诺贝尔奖。关于稻盛财团的设立，稻盛和夫官网介绍如下：

稻盛从年轻时开始，无论是作为技术人员还是作为企业经营者，都认真地、全心全意地投入工作，在使京瓷公司获得发展的同时，也收获了相当的个人财产。但是，稻盛一直都认为"个人的资产是暂时替社会保管的东西，将来应该返还给社会"。自己在精密陶瓷研究开发过程中获得各种奖项后，感到"自己不能总是获取，也要成为付出的一方"。之后，下定决心的稻盛为回报培养自己、使自己梦想成真的社会，在自己52岁那年，即1984年4月，个人出资约200亿日元成立了稻盛财团。其目的就是为增进国际间相互理解，为人类的和平与繁荣做出自己的贡献。稻盛财团的主要事业有以下3项：①"京都奖"表彰事业；②扶持研究事业；③社会启蒙事业。

（2）京都大和之家及稻盛福祉财团

据稻盛先生回忆，2000年他归还京瓷和KDDI代表权时，看到媒体上虐待儿童的新闻报道，并了解到这类儿童数量庞大，无法收容。自己尽管出身贫寒，却在温柔母爱的呵护下长大。得知如此事实，先生痛心、忧心，并走访京都附近福利院，了解情况，最终决定在京都创办儿童福利院——京都大和之家。"大和"是他皈依禅宗的法号。他亲自选址买地、参与设计，设计出孩子们引以为豪并可以带人来玩的"家"，一处抚慰孩子受伤心灵的设施。在福利院运营模式、院长和职员招聘等环节，他总是亲力亲为、用心考虑。2004年福利院建成。他本人只要有机会，就会过来并向职员讲话，鼓励和指导他们的工作。此外，2003年稻盛设立了"稻盛福祉财团"，用于为福利院的孩子们18岁独立时提供支援。

4. 创建盛和塾

1983 年京都一批青年企业家希望稻盛先生向他们传授经营企业的经验与手法。同年 7 月，经稻盛先生同意，25 名京都企业家成立了"盛友塾"，后改名为"盛和塾"。稻盛先生义务为塾生们讲解其所总结的经营哲学与实学，并解答他们在经营中遇到的困惑。"塾"在日语中是学校之意。盛和塾，就是一个学习稻盛经营思想和经营方法的学校。稻盛先生亲任塾长，也就是校长。

在盛和塾学习的意义和目的是"通过提升业绩，把公司经营得更加出色，从而实现员工幸福，为社会做贡献"。盛和塾有总部及分塾，分塾在其理事会领导下，由事务局运营。2019 年年底共计 104 分塾，塾生 14938 人（日本国内 56 分塾，7300 人；海外 48 分塾，7638 人）。至 2019 年，盛和塾已经运行 36 年。

在盛和塾的学习，除了稻盛先生亲自讲课、答疑，主要是以稻盛先生的著作和演讲稿 /VCD 为教材。学习形式有盛和塾世界大会、分区域的塾长例会以及各种形式的学习会。

（三）立言

截至 2022 年，据稻盛和夫官网（日文）信息，以日文版统计，稻盛先生基于自己人生、工作及经营实践的思考，共出版著作 46 部（合著 11 部）。其内容涉及经营、思想、伦理、哲学、自传等方面。在中国影响最大的代表性经典作品为《活法》《干法》《京瓷哲学：人生与经营的原点》《稻盛和夫的实学：经营与会计》《阿米巴经营》《心：稻盛和夫的一生嘱托》（后简称《心》）《六项精进》《经营十二条》等。

稻盛先生这些精神文化贡献，是无价的，不亚于其经营企业的经济贡献。以上代表作中，越是超越商业经营领域的，其思想文化价值越高，越能传世、覆盖面越广，如《活法》和《心》适于各行各业人士。

《活法》是稻盛先生的代表作，2005 年出版以来，在日本成为畅销书，并在美国、俄罗斯、韩国等国家以 15 种语言翻译出版。据京瓷官网 2020 年提供的信息："《活法》在日本以外的发行数量达到 432 万册，远远超过了日本 130 万册的发行数量。另外，稻盛和夫执笔的书籍在中国引发的反响尤为强烈，国外总发行数量的 94% 都是在中国。这体现了中国人对稻盛和夫的经营思想、经营哲学的高度关注。"据悉,《活法》目前国内销量突破 550 万册。

《活法》以坦诚、朴素的语言,结合稻盛和夫的个人经历,讲述了人生观、劳动观、生命观、宇宙观,以期在浮躁迷茫的当今,为人们安心立命。不少企业家在机场书店偶遇《活法》,含泪在旅途中读完,由此找到人生意义与方向,并持续学习稻盛经营学相关书籍,之后经营与人生走上坦途。

据稻盛先生所言,《心》这本书作为《活法》的续编,于 2019 年在日本出版。

《心》之书名振聋发聩、寓意深刻。读《心》给我最深的感受是,更加坚信"心灵纯粹、善、利他",可让事业成功、人生幸福。我对这本书印象最深的一节是——"一切始于心,终于心",印象最深的一段话是:"无论什么人,能够拥有的都只是当下的这一个瞬间。以怎样的心态活在当下,将决定我们的人生。"

三、稻盛和夫人物定位

稻盛和夫人物定位可分为"角色定位"和"本质

定位"。

基于稻盛先生的人物成就，他至少有如下6个人物角色：发明家、企业家、哲学家、慈善家、教育家、经营学家。

发明家：稻盛先生毕业于鹿儿岛大学工学系应用化学专业，其基础角色是技术专家，在精密陶瓷领域做出了很多突破性的技术发明。

企业家：创办并直接经营两家五百强企业，并购多家企业，重建一家破产五百强企业。

哲学家：稻盛先生的哲学，产生于精密陶瓷研发工作及其各项企业经营实践，同时，又超越于一事一物，具有普遍性。稻盛先生指出："有一技之长之人，探明事物本质之人，对于万事万物都能够做到融会贯通。……所谓'闻一言以贯万物'，想必就是这个意思。"

慈善家：稻盛先生投资设立稻盛财团和"京都奖"。其所作所为是慈善家事业范畴。

教育家：创办盛和塾这家世界性经营者学校，亲任校长和导师。这是教育家的作为。

经营学家：稻盛先生在"重视经验"的同时，也及时进行理论总结，并进一步指导和验证于实践，进行着"实践—理论—实践"的循环往复。其独有的经营哲学和经营实学，统称为"稻盛经营学"。作为稻盛经营学的发明人，其本人也必然是经营学家。稻盛经营学的表达方式，是追求"要把事物简单化"的朴素语言，表现为诸如"会计七原则""经营三要诀"之类的简明法则、规律。

基于稻盛先生发明家、经营学家、哲学家3个角色，可以分析出京瓷的"三大利器"——技术立企、管理强基、哲学铸魂。这"三大利器"是任何优秀企业都必备的。

稻盛先生人物的本质定位，应该是"圣贤"。《说文解字》："聖，通也。从耳呈聲。""聖"字的"王"，表示了圣人的本质特征。李健在解读老子"王"的概念时指出："……王是'参天地人而通道'的人（王字的三横代表参'天地人'，一竖代表通道）。"[2]

"觉悟"是稻盛先生的根本追求。提高心性的目的也是觉悟。觉悟之人或圣贤写的书，不是一般的书，是"经"、是"典"，蕴含智慧和能量，超越行业、企业规模、国界，它具有普遍性。

四、稻盛人物性格的形成

稻盛人物性格的形成主要有三大因素，分别是由宏观到微观的"日本文化"、"萨摩文化"和"父母影响"。这些因素，在其生活、工作的历程中，不断展开、丰富，并得以印证。

（一）日本文化

"日本文化"是个大概念，在探讨稻盛人物性格因素时，侧重从"文化风土"和"文化性格"两点入手谈起。

1. 风土文化

俗话说，"一方水土，养一方人""千里不同风，百里不同俗"，使那鹿儿岛小伙儿成为今日稻盛的日本风土文化不可忽视。四川外国语大学杨伟教授在谈及"风土与日本文化"时指出："我们不妨把古代日本人受到环境风土的影响而形成的感受方式和思维方式看作贯穿在日本民族深层意识里的精神内核。"[3]能够解释稻盛性格的风土文化，列举如下：

第一，季节感与"审美—情感细腻"。杨伟教授从日本人的季节感来论述日本人的审美与情感："日本四季分明，景色各异，这磨炼了日本人对自然变化的敏感性……对季节更替的敏感与对美的敏感交织在一起，使日本人变得富于感情，而小巧精致的自然景观赋予了他们善于捕捉并保持纤细的自然美的气质和技巧。"[4]日本人对自然审美的细腻，同时造就了其情感的细腻性，即审美情感化、情感审美化，合称"审美—情感细腻性"。由此，可以理解稻盛先生对故乡、对父母、对员工乃至对产品细腻的情感，以及追求完美的执念，如"抱着产品睡"。

第二，季风与"接受—忍耐"。季风是日本重要的气候特征。季风气候湿热、闷热，并伴随有暴风、洪水。"这种力量如此巨大，足以让人们放弃抵抗的意志，形成听天由命、惯于忍受的性格。这种'接受与忍耐'的性格乃是季风气候地区人们共通的特征。"[5]杨伟教授认为：日本的季风具有热带型和寒带型并存及台风的季节性与突发性并存这两个二重性，给日本人"接受—忍耐"的性格赋予了某种特性，催生了他们称之为"安静的激情和富于战斗性的恬淡"[6]的国民性格。由此，不难理解稻盛面对困难时的极大耐力及京瓷哲学诸多相关条目："怀有渗透到潜意识的、强烈而持久的愿望""认为不行的时候，正是工作的开始"等。

第三，地震与"感觉敏锐"。日本列岛处于太平洋火山地震带上，地震频发。因此，"日本人为了应对地震，必然对相关的各种现象进行致密的观察，结果培养了日本人对环境观察的精密和敏捷，还磨炼了他们对自然的奥妙与神秘所持有的敏锐感觉。"[7]这恰恰可以解释稻盛先生研发精密陶瓷时观察现象的高度敏感性及京瓷哲学相关条目"倾听产品的声音""以有意注意磨炼判断力"等。

2. 文化性格

研究文化与性格的关系，就无法绕过著名的"文化人格学派"鲁思·本尼迪克特及其代表作《菊与刀》。她的研究范畴是"文化模式"或"行为模式"。其理论特征被总结为"文化是人格的放大""人格是文化的缩微"。[8]她提出的"日本人性格的二元性"或被称为"性格双重性""性格矛盾性"等，[9]在学界被广为讨论。

这种"性格双重性"常被描述为保守与开放、服从与抵制、自律与任性等。稻盛先生具有明显的双重性格，但又超越一般日本人，那是一个觉悟者的"不二中道"，把握两极，运用自如。稻盛称之为"均衡的人格"，在"日航哲学"中，称为"两极兼备"。

（二）萨摩文化

稻盛和夫1932年1月21日（父母报户口为30日）出生于日本鹿儿岛县。在这里生活着萨摩人的后代。独特的地域文化是他成长的土壤。他自称"虽然在京都的岁月成倍于故乡，但言谈举止并不风雅，*丝毫不改萨摩之地的粗犷豪放*"[10]。明治维新三杰中，有两位是萨摩人，西乡隆盛和大久保利通。他们影响了稻盛对领导力的思考，西乡隆盛的宽厚博大和大久保利通的精明务实两者结合起来，可解释其"平衡的资质"。西乡隆盛及其《南洲翁遗训》对稻盛影响重大。他说："西乡隆盛是我最尊敬的一位历史人物。他的座右铭'敬天爱人'始终被京瓷公司奉为社训，并已植根于所有员工心中。"

萨摩文化对稻盛的影响，如同稻盛所言："我出生于鹿儿岛，这里的父母在教育孩子的时候，极其重视正义感和武士精神。"稻盛还讲过："鹿儿岛自古就有崇拜武士精神（又称'士魂'）的传统。"

"日本企业之父"涩泽荣一在《论语与算盘》中提出的"士魂商才",其"士魂"就是武士精神。他说:"'士魂商才'的意义也就是,为人处世时,应该以武士精神为本。"

稻盛在家庭、学校及鹿儿岛传统的乡中教育中,深受武士精神的熏陶。西田小学的校训"刚强、正直、美好",对稻盛影响深刻。在此氛围下,稻盛与伙伴们游戏玩耍,从"胆小鬼"变成了"孩子王"。稻盛记得西田小学附近有个"乡村教育道场",名为"自疆学舍",入口处有西乡隆盛画像和萨摩地区自古以来就流传的人生三信条——"莫服输、莫妄语、莫欺凌"。稻盛认为,当地传统乡中教育的主旨是让人们懂得"勇气与赤诚之心的可贵"。而这恰恰是西乡隆盛的特质和稻盛所推崇的。

(三)父母影响

稻盛先生曾坦言,父母是对他人生影响最大的人。

稻盛说:"父亲是一个沉默寡言的慎重派,正义感很强。"稻盛稳健谨慎的经营风格,如不愿向银行贷款及较高的自有资金比率、即需即购等理念,都来自父亲。

稻盛从小就在父亲的印刷厂里跑动玩耍，看着父亲劳作的身影长大。稻盛认为，这身影就是其"制造精神的原点"。稻盛的手巧和机械能力，也都继承了父亲的血脉。此外，作为技术员和经营者的稻盛，一丝不苟、一板一眼的工作风格，与父亲没有两样。

至于母亲的影响，稻盛主要提到了三点："第一，即使遭遇逆境也能保持积极乐观心态，这正是母亲遗传给我的；第二，母亲具备商业眼光……母亲身上流淌着的血液，在我的事业经营中大显身手；第三，我完全继承了母亲身上的善良、勇敢、刚毅等品质，而这些品质在管理企业的过程中发挥了至关重要的作用。"[11]

稻盛的性格就是父亲和母亲优点的集合。他说："父母二人的优点集于我一身，真是无比幸运。"

第二章　稻盛经营哲学概述

一、稻盛经营哲学的产生

（一）"稻盛之问"与《京瓷哲学》

稻盛先生在《京瓷哲学：人生与经营的原点》（后简称《京瓷哲学》）中谈及：京瓷一创立就遇到各类问题，每当此时，员工就请他裁决，而且容不得失误。于是，对于公司经营既无经验又无知识的他，开始绞尽脑汁地思索——"要怎样才能做出正确判断？要怎样才能让公司持续发展？"

经过苦苦思索，他得出一个结论："首先要问自己'作为人，何谓正确'。一旦认定是正确的，就毫不动摇地贯彻到底。"这就是稻盛经营哲学的完整"原点"。后一句容易被忽略或做不到。于是，便有了"哲学血肉化"的命题。

在《京瓷哲学》第53条"遵循原理原则"中，稻盛先生说："把'作为人，何谓正确？'作为判断基准。我称其为'依据原理原则做出判断'。"

稻盛先生在全心全意的工作和经营中，经常自问"作为人，何谓正确？"并坚持贯彻正确的做人原则。在此过程中，他逐渐领悟出了"京瓷哲学"。

"作为人，何谓正确？"这一经典的"稻盛之问"，是稻盛经营哲学的原点，也催生了整个稻盛经营哲学。

稻盛哲学的概念更宽泛，涉及企业、社会、生态、人类等层面，而京瓷哲学是企业层面的稻盛哲学，即稻盛经营哲学。本书所谓"稻盛经营哲学"，其主体内容就是"京瓷哲学"，两者概念常常互用，有时会简称"稻盛哲学"或"哲学"。从本章起对"稻盛经营哲学"的解析，尤其是引文，均对应东方出版社的《京瓷哲学》，不再逐一注释。

《京瓷哲学》78条明确了实现企业成长发展的判

断基准，即经营的"原理原则"，汇总了员工的"行动指针"[1]。而对于"作为人，何谓正确？"的高度概括，则是京瓷的基本价值观，即核心价值观。

在阅读稻盛先生的《阿米巴经营》时，我发现他多次谈到作为阿米巴经营基础的价值观，最明确的两段如下：

判断基准："作为人，何谓正确？"

......

就是说，把"作为人，何谓正确"这一基准作为企业经营的原理原则，据此对所有问题做出判断。这一判断基准，也就是用公平、公正、正义、勇气、诚实、忍耐、努力、亲切、体谅、谦虚、博爱这样一些词语表达的全世界通用的普适价值观。

不撒谎，不骗人，要正直

......

京瓷公司一贯珍视公平、公正、正义、勇气、诚实、忍耐、勤奋、博爱等十分朴实的价值观。对这些基本价值观如此珍视的企业，恐怕全世界也找不出来

第二家吧！正因为这样，京瓷集团才培育并维持了高
尚的伦理观和优良的公司风气。

经由这两段的文本分析，整合稻盛先生在这两段
中提到的价值观要素，并验之以他在其他著作、讲话
中的相关论述，"五对十条"的京瓷的核心价值观呼之
欲出："公平（公正）、正义；勇气、诚实；忍耐、勤
奋（努力）；亲切、体谅；谦虚、博爱。"

（二）哲学产生的契机与特性

稻盛先生初入松风工业工作期间，面对连年赤字、
拖欠工资、内讧不断的现状，心生去意而又辞职不成。
他为了逃避令人烦恼的现实才不得不潜心研究。但实
际上，这却成了他的人生观或者说哲学形成的一个契
机。稻盛先生说："在排除一切杂念，专注于一项研究
的时候，我感到某种人生观在心里萌动，并以此为基
础开始建立京瓷哲学。"

曹岫云老师称稻盛哲学是"心纯见真"的哲学和
"心纯见真"的产物，并归纳出了稻盛先生见到的十
大真相："创造的真相、经营的真相、成功的真相、判
断的真相、人间的真相、人生的真相、企业使命的真

相、财务会计的真相、全员经营的真相、宇宙世界的真相。"[2]

可见，稻盛经营哲学从发生机制来说，是觉悟的哲学，而非学术哲学。它来自觉照、感悟，而非单纯的逻辑推理。因为它发自内心，所以走心，易入心，读起来不上头，也具有"经典"的智慧超越性。所谓智慧的超越性，是指具有超越时代、国界、行业、规模等的普遍适用性。我将《京瓷哲学》称为"盛经"，以"原浆勾兑"为比喻，目前已协助百余家企业将《京瓷哲学》导入，并取得了确实效果。具体方法详见本书第九章。

（三）稻盛经营哲学的成型

稻盛经营哲学意识形态的"形成"，及其语言讲述，可追溯到京瓷创立初期。在其发展演进过程中，文字形态的"成型"则有两个重要节点。

京瓷 1959 年 4 月 1 日创业，在其走过 30 周年的 1989 年，"京瓷公司计划将这种哲学归纳整理成公司内部书刊，用于员工教育"，并邀请了松下先生创办的 PHP 研究所负责策划编辑。PHP 方面阅读了稻盛先生以往在企业内外的有关讲话、演讲原稿。他们认为

"这种哲学不仅应该在京瓷公司内部，而且应该扩展到一般读者"。于是，经稻盛先生同意及亲笔补充修改，诞生了其首部哲学著作——《提高心性 拓展经营》（1989 年 PHP 研究所日文版，2016 年东方出版社中文版）。[3]

该书共 14 章 106 条，包含了"度过美好人生""认认真真度人生""人生方程式""战胜困难""做出正确的判断""把原理原则作为基准""自我燃烧""建立以心为本的企业""定价决定经营"等等，从结构到内容明显是《京瓷哲学》78 条的雏形，可视为代用版的"京瓷哲学手册"。

该书的出版，是京瓷哲学建设的一个里程碑，同时作为稻盛先生本人首部著作，也是其哲学成型的标志。

在京瓷创业 35 周年的 1994 年，由时任京瓷社长伊藤谦介建议并主持，在《提高心性 拓展经营》基础上，对稻盛先生以往阐述京瓷哲学所形成的稿件文本，从内容到结构，进一步梳理提炼，编辑印发了含有 78 个哲学条目的《京瓷哲学手册》，作为内部使用。

在京瓷创业 55 周年的 2014 年，稻盛先生本着回报社会的理念，将"京瓷哲学"条文，连同自己的解读，在日本公开出版。2016年东方出版社出版了该书，也就是本书的解读对象——《京瓷哲学》。

二、稻盛经营哲学的特征

1923年英国学者奥利弗·谢尔登出版的《管理哲学》(*The Philosophy of Management*) 一书，被公认为管理哲学学科奠基之作。英文 Management 同时对应汉语"经营"或"管理"。在学术上，"管理"也常泛指"经营"。1986年我国学者崔绪治和徐厚德出版《现代管理哲学概论》，是国内最早的研究成果。此外，还有很多相关论文与专著。但这些较为学术性的研究，不易引起企业界的关注。

学术泰斗季羡林教授说："根据我七八十年来的观察，既是企业家又是哲学家，一身而二任的人，简直如凤毛麟角，有之自稻盛和夫先生始……他从来没有自命为哲学家。然而，我读了他的著作《新经营·新日本》，却感到书中到处是哲学……到处洋溢着表面浅显而实则极深刻的哲学思维，说来头头是道，娓娓动听。"[4]与学术的"管理哲学"不同，稻盛经营哲学风格迥异，具备如下特征。

（一）亲历体证的"实践性"

相比于学者、教授的管理学说，稻盛的经营哲学来自其对亲自创办企业的实践与思考。究其知识属性，日本一桥大学野中教授称之为"实践智慧"（Phronesis），即亚里士多德所谓"实践活动"的结果。京瓷哲学的每一条，如"以心为本开展经营""一一对应"，都是稻盛先生经由实践的感悟和总结。

（二）朴素直白的"简朴性"

稻盛经营哲学是揭示真理的哲学。《京瓷哲学》第78条就是"要把事情简单化"。稻盛先生说："把事情看得越简单，就越接近事物的本来面目，也就是说，越接近真理。"

先生的所有演讲与著作，语言非常朴素平实，用的都是大白话、大实话，既深刻又生动。

（三）拿来能用的"实用性"

由于稻盛经营哲学来自实践的亲历体证和智慧观照，并且朴素直白，所以一听就懂、一用就灵，可以直接指导工作。因此，它一经传播，迅速被企业界所接受，并纷纷践行，而且很快产生效果。很多企业干部、职工，在读《京瓷哲学》1个月左右的时候，就产生了明显的实践效果。

三、稻盛经营哲学的经典表述

稻盛经营哲学，作为实践的哲学，其表述形式非常直接而简易，体现为"XXX—N 条"，直接引导人们去实践。以下列出代表性的经典表述形式，以便初次接触稻盛经营哲学的读者了解其概貌。

（一）《京瓷哲学》

稻盛先生的代表作《活法》是以《京瓷哲学》为基础写成的。在《京瓷哲学》前言中，稻盛先生指出：该书是其"想法"和"活法"的原点，汇集了他八十多年来经营活动与人生旅程的精华。其内容详见东方出版社《京瓷哲学》。

（二）经营十二条

第1条：明确事业的目的意义；

第2条：设立具体的目标；

第3条：胸中怀有强烈的愿望；

第4条：付出不亚于任何人的努力；

第5条：销售最大化、费用最小化；

第6条：定价即经营；

第7条：经营取决于坚强的意志；

第8条：燃烧的斗魂；

第9条：临事有勇；

第10条：不断从事创造性的工作；

第11条：以关怀之心、诚实处事；

第12条：保持乐观向上的态度，抱着梦想和希望，以坦诚之心处世。

2010年10月31日稻盛和夫经营哲学青岛国际论坛上，稻盛先生专题讲解了"经营十二条"，并指出"我把迄今为止在京瓷和 KDDI 的经营实践中切身体悟的经营的原理原则归纳为 12 项，称之为'经营十二条'"。

（三）会计七原则

1. 以现金为基础的经营；

2. 贯彻一一对应原则；

3. 筋肉结实的经营原则；

4. 完美主义的原则；

5. 双重确认的原则；

6. 提高核算效益的原则；

7. 玻璃般透明经营的原则。

稻盛经营哲学作为当之无愧的哲学，包含价值论和方法论。价值论基于"作为人，何谓正确？"讲述经营中的"是非、善恶"标准，而方法论则聚焦于"如何把事情做正确"，追求经营的本质。会计七原则是在"价值论"的基础上展开方法论，并追求经营的本质。稻盛先生在其《稻盛和夫的实学：经营与会计》中指出，该书是"从会计角度表述我所思考的经营要诀和经营的原理原则"。

（四）六项精进

1. 付出不亚于任何人的努力；

2. 要谦虚，不要骄傲；

3. 要每天反省；

4. 活着，就要感谢；

5. 积善行，思利他；

6. 不要有感性的烦恼。

稲盛先生指出："如果希望使企业业绩更加出色，经营者除了提高自身的人性修养并磨砺人格以外别无他法。正因如此，我才在盛和塾提出了'提高心性，拓展经营'的口号，不厌其烦地强调'提升人格才能拓展业绩，令企业得到长足发展'的理念。"稲盛经营哲学，乃至盛和塾的主题一直是"提高心性、拓展经营"。先生认为，人生的目的就是"提高心性"，就是"磨炼心志、净化灵魂"，并归纳出实现该人生目的的"六项精进"。

（五）经营三要诀

一、让员工信赖你、钦佩你，为你的魅力所倾倒

经营者自己首先要敞开心胸，抑制私欲，要爱护员工。与员工心连心。

二、月度销售额和费用要仔细确认

> 看着月度损益表，"销售额最大、费用最小"的经营原则就可以实践。
>
> **三、哲学共有**
>
> 哲学就是思维方式，就是人判断事物的基准。员工与经营者志同道合，心气相通，劳资关系如同大家庭，企业一定能顺利发展。

2008 年，稻盛先生在日本盛和塾全国分塾负责人大会上，针对有塾生学无所获、经营不见起色并退塾的情形，再次讲解"经营三要诀"，并指出："大家只要把我今天讲的三条学好，就能够把企业搞得非常出色，让员工皆大欢喜，可惜许多人怎么也不明白，实在遗憾。"可以认为，这三个要诀是稻盛经营哲学的最简化概括。

四、稻盛经营学体系

2017 年，中国盛和塾在开展"稻盛经营哲学教学体系研讨"时，提出了"稻盛经营学"的概念。

稻盛经营哲学来自"作为人，何谓正确？"这一原点，其基础是针对个人的"人生哲学"。在此基础上，产生针对企业的"经营哲学"。在人生与经营的哲学基础上，便是"经营实学"，具体包括"会计七原则"和"阿米巴经营"。于是，人生哲学、经营哲学、经营实学构成了"稻盛经营学"。它们层层支撑，形成金字塔构造。

该体系的三要素，对应了"修身""齐家""治企"的内在逻辑，体现了盛和塾学习体系的系统性和科学性。

总之，在稻盛经营学体系中，"稻盛经营学"由"哲学"和"实学"构成。实学以哲学为基础，哲学通过实学落地。"哲学"又包括"人生哲学"和"经营哲学"（狭义）。

五、京瓷哲学结构解析

（一）"以心为本经营"的四大价值观

日本立命馆大学青山敦教授将稻盛经营哲学的特征概括为"以心为本经营"，他提出了稻盛和夫"以心为本经营"的四大价值观：幸福观、人生观、工作观、企业观。

（二）京瓷哲学的内在结构

通过分析"京瓷哲学"的内在逻辑，利用"纲目条"结构范畴，可以将其梳理为"三纲九目七十八条"，见本书附录 1。《京瓷哲学》的三大板块是"人生哲学"、"工作哲学"和"经营哲学"。在我的哲学三分法中，"幸福观"属于"人生哲学"板块，见表 3-1。《京瓷哲学》原书第 1 章"度过美好的人生"第 1 节"提高心性"和第 6 节"思考人生"，可归纳为"人生哲学"，共计 15 条，占比 19%。而该章的第 2、3、4、5 节则可划入"工作哲学"，涉及劳动 / 工作观、工作态度和工作方法，共 35 条，占比 45%。"人生哲学"和"工作哲学"都立足于个人，而其中的"构筑信赖关系"，是企业立场，可与"以大家族主义开展经营"同类，放在"经营要诀"一章来理解。

《京瓷哲学》原书第 2—4 章，即"经营要诀"、"在京瓷人人都是经营者"和"关于开展日常工作"可纳入"经营哲学"（狭义），共 28 条，占比 36%。附录 1 是对《京瓷哲学》的逻辑结构解析，也是编制哲学手册最基本的初始迭代工具。本书后续对"稻盛经营哲学"的解析，便采取此分类，并以此表为基础。

六、从企业文化到经营哲学

（一）感知企业文化

在理性认知企业文化之前，先从感性入手。每家企业必有其文化，并可以从企业的氛围来直观感知企业文化。

一个企业，人心、人的精神世界可以汇聚成一个无形的场，可以被感知、感受。优秀的文化氛围就像风景名胜或者风和日丽的天气，可以滋养人。"氛围"是文化现实的感觉性体验，是衡量企业文化质量的重要指标。在组织行为学中，早已经使用了类似概念，如"社会心理气候"。此概念对应中国传统的"气场"概念，并有"升降、聚散、清浊、冷暖"四大状态指标。一个蒸蒸日上的企业，其成员的心气和企业的气场，是向上升腾的。反之，一个走下坡路的企业，其人心和企业气场，也是下沉的。

一个有凝聚力的企业，大家心心相连，其气场也是内聚的。反之，初衷相左、人心相悖、离心离德的企业，其气场也是发散的。

一个风清气正的企业，人心清正，"清明在躬"，其气场则必然清新如兰。我访问过新余市荷塘月色餐饮文化发展有限公司，其办公区、工作区与就餐区的气氛与其基于荷花的文化信念——"清正至善"，非常一致，处处清新怡人。

一个有爱的、关心人的企业，一定是有温度的。反之，缺少爱的、漠视人的企业，其氛围必是冷淡的。胖东来超市以"爱"为文化原点，"成为爱、分享爱、传播爱"，整个商场充满爱的温暖。顾客不仅是来购物，更愿意来商场感受爱的氛围。一个商场温暖了一座城。

（二）企业文化概念界定

谈及企业文化中的"文化"，常被狭义地理解为"文凭学历""文艺活动""生日蛋糕""打鸡血""口号"。

企业文化的所谓"文化"，是个社会学范畴，见图 2-1。"文化"是一群人共有的、可学习的一套价值观和行为方式。这群人是文化的主体，大到国家、区域，小到部门或班组。而企业文化的主体特指企业这个组织。企业文化就是企业全员所共有的、可学习的价值观及行为方式。

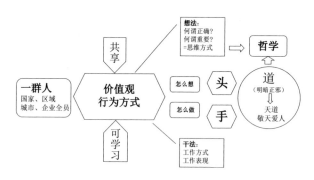

图2-1 企业文化概念示意图

如果将企业文化的定义简化，就是一个企业的想法和干法。想法就是思维方式，干法就是工作方式、工作表现。如果再度简化，就是两个字："头"与"手"。"头"决定想法，"手"代表干法。如果进一步简化，就是一个字："道"。"道"这个字中的"首"代表思想，"辶"则代表行动。"道"有明暗正邪。所谓"明道"是企业的文化的明文表述。"暗"就是一家企业虽然有自身的文化，却并未见诸文字，即"暗道"。此外，还有"正道"与"邪道"。所谓"正道"就是一家企业的文化是符合天理的，比如《京瓷哲学》就是以敬天爱人为特征的，符合天理的、高层次的文化。而"邪道"就是与天理相违背的文化理念。因此，当我们从道的层次来探讨企业文化时，它就上升到了哲学的高度。

企业文化的核心概念是价值观。所谓价值观，是关于事物是非及重要性的判断体系。如诚实与虚假哪个正确？客户是否重要？这也就是稻盛先生所说的"何谓正确？"或"思维方式"。而稻盛先生把高层次的思维方式称作哲学。有关价值观的内容，详见本书第十章。

（三）企业文化的演进

图2-2　企业文化的演进

企业文化的实践来自日本，总结于美国，根源是在中国，见图2-2。在日本，几乎每一位成功的企业家都要系统地阐释自己的经营理念和经营思想，诉诸文字，并践行于经营活动。日本企业最早达到用理念来推动经营的阶段。企业文化在日本的诞生有三个里程碑：日本"企业之父"涩泽荣一、"经营之神"松下幸之助和"经营之圣"稻盛和夫。

企业文化总结于美国，是美国学者与咨询顾问基于研究日本企业相关实践，并对比美国企业而逐步形成有关理论。在企业文化领域有奠基性的四部著作，被称为"四金砖"，并拉开了企业文化理论创建的序幕。这四部著作是：美国斯坦福大学教授巴斯克和哈佛大学教授艾索思合著的《日本的管理艺术》（1981）、美国加利福尼亚大学教授威廉·大内的《Z理论》、美国南加利福尼亚大学教授特伦斯·迪尔和管理咨询顾问艾伦·肯尼迪合著的《企业文化——企业生活中的礼仪与仪式》、麦肯锡管理咨询顾问兼学者汤姆·彼得斯（Tom Peters）与罗伯特·沃特曼合著的《追求卓越》。

值得指出的是，"四金砖"中的《日本的管理艺术》和《Z 理论》对日本企业文化的总结失之肤浅，并未触及其底层逻辑与根脉。随后，具有心理学和社会学等学术背景的学者们加入企业文化研究，代表性人物如埃德加·沙因教授。由此，企业文化逐渐发展成为一个理论相当规范、方法工具非常丰富的管理学科门类。但是，企业文化的灵魂失去了。我们要从企业文化在日本的三个里程碑那里，尤其是稻盛和夫那里去找回。

企业文化的根源在中国，就是人文教化，其关键在于汉字"人文"二字有着不同于英文"culture"的独特文化基因——"文明以止，人文也"（《周易·贲·彖传》）。人文就是要"止于至善"，亦即"明明德"，也就是"内圣外王、修齐治平"之道。而稻盛先生把这个中国的圣贤文化的哲学逻辑，变成了简单明快的经营逻辑——"提高心性、拓展经营"。于是，企业文化回归到了原点，也达到了高境界。稻盛先生的经营哲学，将现场工作与终极关怀、做人和做事、人生及事业有机融合。它具有生命关照、生命觉悟。它将人生观、职业观或劳动观、经营观有机融合，三位一体。

综上，稻盛经营哲学是企业文化的回归和本质，是对企业文化的终极思考，也是企业文化的一个高境界。它在学术上属于企业文化范畴，在管理职能上属于文化管理领域。企业哲学建设的基本规律、技术和方法，都从属于企业文化学科或专业。

经常被问及："企业文化"与"经营哲学"（即"稻盛经营哲学"，简称"哲学"）有何区别？"哲学"是根本的原理原则和行动规范。稻盛先生认为，企业文化就是"员工们的意识以及这些意识的集合体"，也称为"风气"。

"经营哲学"是对经营规律的高层次、深层次的思考，并表达为一系列原理原则，是企业文化的高级阶段。

七、稻盛哲学的思想坐标与文化源流

稻盛先生说："日本向中国学习了一千年，而且中国的圣贤是从做人做事的根本道理上教我们的。我要将自己学习实践中国圣人贤人的教诲，在企业经营中的心得体会，如实告诉中国的企业家，让他们在经营

中少走弯路。"[5] 于是，便有了稻盛和夫（北京）管理
顾问有限公司的诞生。

稻盛先生还讲过："我在中国倡导的利他经营哲
学，对于中国人来说等于'出口转内销'。"[6]

可以说，稻盛经营哲学与中国优秀传统文化关系
密切。由此可以理解稻盛经营哲学在中国广泛而迅速
传播的原因。弄清稻盛哲学与中国文化的关系，及其
思想坐标和文化源流，有利于我们对其系统而深入地
学习。

（一）日本文化的基本格局

据《日本书纪》记载，应神天皇十六年（公元
285 年），相当于中国的西晋时期，百济五经博士王仁
受应神天皇邀请，携《论语》《千字文》赴日。随后汉
字成为日本官方书面文字。

圣德太子主政时代，日本全面引进、学习中国
文化。他以《论语》为基础，习和秦汉六朝诸子百
家及佛经，编制出《十七条宪法》。全文八百九十五
字。第一条：以和为贵，无忤为宗；第二条：笃敬
三宝……

据学者庄兵研究，日本学者荒木睦彦统计了《十

七条宪法》对中国典籍的引用情况：

《论语》《孝经》各七条；《礼记》《汉书》《韩非子》各五条；《尚书》《左传》《管子》各四条；《史记》《孟子》《老子》《文选》各三条；《诗经》《周礼》《荀子》《千字文》各二条；《易》《韩诗外传》《魏志》《晋书》《隋书》《资治通鉴》《桓子》《墨子》《孙子》《楚辞》《淮南子》《说苑》《艺文类聚》《拾芥抄》《正韵》《蒙引》《卓氏》《法华经》《唯识论》各一条。[7]

不仅精通儒家经典，圣德太子还笃信佛教、深研佛法，建有法隆寺、四天王寺，并著《三经义疏》（"三经"即《胜鬘经》《法华经》《维摩经》）。他本人也成为日本汇通儒佛第一人，并在日本固有的神道教基础上，奠定了"神、儒、佛"三位一体的日本文化格局，成为日本文化元祖。

二宫尊德谈及其思想来源时曾言："神道是开国之道，儒学是治国之道，佛教是治心之道。"[8]

在神、儒、佛文化格局的基础上，历代日本思想家添砖加瓦，成就了日本文化，也形成了稻盛哲学的土壤条件及其文化原型。哲学家梅原猛先生在与稻盛先生对话时，曾特别强调了《十七条宪法》的当代教育意义。

（二）奠基日本商业精神的三位思想家

德川时代，是日本历史承上启下的时代，也被称为"前现代化"时代。缔造日本商业精神的三位思想家也应运而生。他们是铃木正三、石田梅岩和二宫尊德，是他们哺育了涩泽荣一、松下幸之助、土光敏夫等一大批近现代日本企业家。

1. 铃木正三

铃木正三（1579—1655），曾是德川家康的武士，做过官员，42岁出家为僧，致力于参禅并开悟。铃木正三所代表的德川时代日本禅宗，受中国禅宗"百丈清规"之"一日不作，一日不食"的农禅思想影响，并在日本工商业发展初期，将其演变为"工商禅"。其理论对日本资本主义精神的作用，堪比清教伦理之于西方资本主义精神。

铃木正三的代表作为《四民日用》。他认为"劳动本身就是佛行""任何职业皆为佛行"。其"职业即佛行"的职分论思想，奠定了江户商人经济行为的精神基础。山本七平指出："所有的日本人都为了能从贪欲、瞋恚、怨怼三毒中解脱出来，为了能成佛而工作着。如果想懂得禅，请研究日本的综合商社。在日本社会中'赋闲在家'是一句用来责难人的话，不工作就等于不事佛行。"[9]稻盛关于"人生的意义在于修炼灵魂"的思想，其源头可追溯到铃木正三。

公元1168年、1191年荣西禅师两度入宋习禅。他于京都开设临济宗大本山建仁寺传授禅法。在日本这个追求实用、相信神灵，而又注重心灵力量的国度，禅宗找到了合适的土壤并扎根生长。"日本人从'禅'演化出茶道、花道、剑道等"[10]，也演化出了料理、园艺、建筑等生活文化。

到了室町时代，禅已经超出宗教范畴，被彻底世俗化并成为日本文化的主流甚至全部，它已彻底融入日本文化和人们的日常生活中。[11]

所以，从文化背景而论，稻盛先生早已受到禅文化熏习，再加之与西片担雪法师交往及短期出家，禅已成为其人生观与工作观的重要精神底蕴。

2. 石田梅岩

石田梅岩（1685—1744），少年时代起就专注心灵世界和内心成长，36 岁时在精通佛道儒的小栗了云老师的教导下终于开悟见性，并发心教化世人。45 岁时，他在京都车屋町自己住宅里设塾讲学。石门心学由此肇始。他从只有一个听众，到座无虚席，乃至风靡京都、大阪一带。顺便一提，盛和塾也是从京都、大阪开始向全日本传播的。其听众以商人为主，所讲内容也突出商人伦理。石田梅岩的主要著作是《都鄙问答》和《俭约齐家论》。

后来在以手岛堵庵为代表的弟子们的努力下，石门心学成为江户时代遍及日本的社会教化运动。据贝拉在《德川宗教：现代日本的文化渊源》中考证，"及至 1830 年在 34 个地方国中，有 134 个梅岩心学讲舍"[12]。持续甚久的石门心学教化运动，对社会各阶层产生了相当的作用，尤其是对商人。当时"许多商家店铺的'家训''店则'都与心学思想有关"[13]。这可以说是日本企业文化、经营哲学的原型。直到明治维新，作为运动的心学才逐渐衰微。但作为思想和学术，其影响力并未中断，并波及了稻盛。稻盛在《活法》等著作中时常提及石田梅岩。

梅岩学说的理论基础，主要来自孟子。梅岩声称：

"我之所依，即孟子尽心、知性、知天之说。此说与吾心合，故以此为立教之本。"[14]据吴震在"德川日本心学运动中的中国因素"中分析："梅岩讲学所采用的儒家经典，主要有：四书（《大学》《中庸》《论语》《孟子》）、《孝经》、《易经》、《诗经》；理学经典则有：《近思录》、《小学》、《太极图说》、《性理字义》；还有道家文献《老子》和《庄子》；日本文献则有《和论语》和《徒然草》等；甚至还有明清流行的官方训诫书《六谕衍义》。可见，其讲授的文献是以中国儒学经典为主的。"[15]列出这些书目，并非出于纯粹学术目的，而是为了明确稻盛哲学的源头，也是为了企业构建哲学体系有精神文化资源可依。

总之，梅岩心学的文化土壤是前述日本文化的三元素——神道教、儒学、佛教。崔海燕在"石田梅岩的商人道及哲学思想"中指出，神道的"正直"、儒教的"诚"、佛教的"慈悲"汇通于梅岩心学的"心"。[16]

梅岩商业伦理思想，主要包括"商业有用论""盈利正当论""职分论""正直盈利论""俭约齐家论"。

3. 二宫尊德

二宫尊德（1787—1856），自幼喜好读书，德川后期农民出身的著名农政学家和思想家。他 12 岁开始从事繁重的农业劳动，并坚持读书。14 岁丧父、靠卖柴、打草鞋等劳作养活母亲、弟弟。16 岁时母亲去世，寄居伯父家，仍勤奋读书。18 岁他离开伯父，为地主打工。24 岁他成功地复兴家业。26 岁时他服务于小田原藩长老服部家，以至诚、勤劳和智慧，五年内复兴其家业。30 岁受小田原藩主委任，负责樱町经济重建，十年大见成效。56 岁时他被德川幕府任命为幕府官员，并获得武士称号——"尊德"。他以报德思想理论及亲身实践，成功地指导 610 余处藩、郡、村的经济振兴。

二宫尊德报德理论体系的核心是"至诚、勤奋、分度、推让"，也称"八字报德心法"。其具体要求是以"至诚"尽责，通过"勤奋"达到目的，并适度地节制个人支出（分度），而将剩余部分转让出去（推让）。此外，二宫尊德报德理论还有"积小为大"、"一圆融合"（万物关联，融为一体）、"道德经济一元论"等。

二宫尊德去世后，其报德思想理论由弟子、信奉者传播发扬，报德社等相关社团组织遍布日本。二宫尊德被明治政府树为"勤奋、节俭、孝行、忠义"的国民道德典范。其负薪读书的塑像，曾在日本全国范围内的小学校园放置，也出现在很多城市的公园和车站广场等处。自 1904 年至 1945 年间，二宫尊德 5 次成为教科书中的榜样人物，在 18 篇课文中被提及。[17]稻盛先生也必然在小学教科书中就接触了二宫尊德。

二宫尊德的影响力经明治、大正、昭和等时代，延续至今。其思想理论对于日本早期资本主义经济发展、老一代企业家成长所起的作用，不亚于石田梅岩。受其影响的企业家包括涩泽荣一、丰田佐吉、土光敏夫、松下幸之助等。[18]

当前，二宫尊德也引起了中国学术界的关注。2002 年在北京大学成立了国际二宫尊德思想学会。2005 年中国东北二宫尊德研究所成立。2007 年中国华东二宫尊德思想研究中心成立。可惜的是，二宫尊德并没有引起中国高校的商学院和企业界的关注。很多企业家是通过稻盛先生的《活法》等著述才知晓其人。

稻盛先生每每讲到工作的意义，"工作是磨炼精神、提高心性的尊贵修行"，总是以二宫尊德的"田间精进"作为楷模。

（三）明治启蒙思想家与维新英雄

1. 福泽谕吉

1868 年日本开始明治维新。启蒙思想家们系统地批判长期以来作为日本社会主流意识形态的儒学所存在的负面问题，以扫清思想障碍，推动社会进步。学者王家骅在《儒家思想与日本的现代化》中指出："启蒙思想家引进西方思想，全面批判儒学。引进法国思想家孔德的实证主义，提倡'实学'，批判儒学是'虚学'；引进英国功利主义哲学家穆勒的思想，提倡功利主义和快乐说，批判儒学是宣扬'克己'的禁欲主义；引进法国启蒙思想家的'天赋人权'说和'社会契约论'，提倡'独立自尊'，反对儒家以封建纲常为表现的等级观念和服从道德；引进德国的君主立宪主义，批判儒家意识形态维护的君主专制。"[19]明治启蒙思想家的代表人物就是福泽谕吉。

福泽谕吉（1835—1901），日本明治时期的著名思想家、教育家，影响了明治维新运动。他通晓汉学、（荷）兰学及欧美人文科技，对西方启蒙思想在日本的传播和日本资本主义的发展起过巨大的推动作用。他批评当时儒学和汉学脱离实际，力倡"实学"和吸收西方文明。

福泽谕吉在其《劝学篇》中提出了其"实学"理念："所谓学问，并不限于能识难字，能读难读的古文，能咏和歌和作诗等不切人世实际的学问。这类学问虽然也能给人们以精神安慰，并且也有些益处，但是并不像古来世上儒学家和日本国学家们所说的那样可贵。自古以来，很少汉学家善理家产；善咏和歌，而又精于买卖的商人也不多……所以我们应当把不切实际的学问视为次要的，而专心致力于接近世间一般日用的实学。"[20]

李颖秋在《日本"经营之圣"谈"实学"主义》中指出："在《实学》这本书中，稻盛和夫用福泽谕吉'实学'的观点，来阐述经营中最实际的问题——会计。"

稻盛经营学包括经营哲学和经营实学。其哲学是思考和解决经营实际问题而产生的，是实学中的哲学；其实学则是解决经营实际问题的具体手法和承载哲学的工具。其哲学与实学高度统一。

2. 明治维新鹿岛二杰

直接影响稻盛的，便是其鹿儿岛同乡，西乡隆盛与大久保利通。此二人与木户孝允合称明治维新三杰。而对稻盛影响最深刻的，就是西乡隆盛。西乡隆盛曾研学《传习录》和《近思录》等中国经典、修习禅宗，著有《南洲翁遗训》。

谈及与西乡隆盛的渊源，稻盛先生说过："作为启蒙，我在这些地方（学校和街道）接触到了日本历史和中国的经典古籍，以及鹿儿岛特有的示现流剑法。这种教育给我留下最深刻的印象就是对萨摩出生的伟人——西乡隆盛的全面学习……而当时学到的那些知识在后来的人生中，不知不觉对我的思想产生了重要的影响。并且，西乡隆盛与京瓷也非毫无关联。京瓷的社训就取自其遗训'敬天爱人'。"[21]具体影响稻盛的是《南洲翁遗训》。

稻盛在初创公司时，获赠《南洲翁遗训》一书。此时，稻盛努力工作、拼命奉献，而又心理不平衡。在遗训第一则"西乡彻底否认利己思想，认为领导者决不可挟半点私心"。这使得稻盛受到棒喝的同时，又受到首肯，使他"疑虑全消，义无反顾，将自己整个人生投入于公司经营之中。"[22]

稲盛先生说："我至今仍将《南洲翁遗训》置于案头，时时翻阅，每每能从中汲取生活道路上的珍贵启示。年纪愈长，经历愈多，从此书获取的教诲愈加铭刻于心。"[23] 2017 年 12 月 6 日，在盛和塾西日本忘年塾长例会上，稲盛先生讲演的题目便是"弘扬敬天爱人的精神"。

至于大久保利通对稲盛的影响，主要是有关领导风格的思考。在全面学习西乡隆盛的同时，稲盛也在学习大久保利通的特长，以弥补自己的不足。稲盛认为，大久保利通的冷静务实、讲求规则、善于具体操作，与西乡的温厚、大胆、无私博爱互补，促成了明治维新的成功。稲盛认为，将这两个极端融于一身，是一个真正领导人必备的。他本人就是如此。

（四）商圣传灯

涩泽荣一（1840—1931），一生创办或主持 500 余家企业，被誉为"日本企业之父"。CCTV-2 财经频道播出的《公司的力量》第 7 集"各领风骚"中讲述了涩泽荣一及其代表作的诞生：1910 年 3 月 16 日，他 70 岁生日之际，朋友赠送一幅画作为寿礼。画上有四个物件——绅士帽、武士刀、《论语》和算盘，象征着他一生的作为。受此启发，他总结一生经商体会，于 1916 年出版《论语与算盘》一书，该书随即成为日本商界的《圣经》。

他在书中讲道："我常把《论语》当作商业上的《圣经》，在经营时一步也不敢超越孔子之道。"[24] 依圣贤之道经商的精神衣钵，传到第二代企业家，成就了经营之神松下幸之助（1894—1989）。而松下幸之助，则是稻盛的前辈和良师。稻盛曾聆听他的讲座并阅读他的书籍。稻盛哲学的"玻璃般透明的经营""水库式经营""素直之心"（常翻译为"坦诚之心"）等，都与松下哲学有关。在京瓷创办的初期，他要求员工阅读松下的《道路无限宽广》，其中松下代表性的语言，有"领悟宇宙意志""顺应通化""顺从大义"等。阅读稻盛作品，其语法、逻辑、文风、言辞，特别是思维方式与涩泽荣一及松下幸之助一脉相承。这依圣贤之道经商的精神衣钵，传到当代企业家，则成就了"经营之圣"——我们敬爱的稻盛先生。

（五）名哲近贤

1. 日本近代精神导师安冈正笃

以王阳明研究而跻身日本高层社会的安冈正笃，被称为日本近代精神导师、首相之师、昭和教祖。他于 1949 年成立了旨在弘扬中国文化经典与儒家教育的日本"全国师友协会"。他向日本人介绍推荐王阳明的《传习录》和袁黄的《了凡四训》。安冈将阳明学说概括为"致良知、知行合一"两点，提出自己简单实用的"身心学"和"活学"，并基于此两点构建"人物学"。[25]"活学"即经世致用的有用之学。其人物学，主要研究领导者素质和做人修养。稻盛直言，通过安冈正笃，接触到了《阴骘录》即《了凡四训》，知道了了凡立命学。稻盛先生在其《心法》等著作中多次提到安冈正笃。

稻盛在其《心法》中提道，"西乡在冲水良部岛的牢狱中，苦读阳明学，修炼人格"。紧接此话，稻盛指出："关于修炼人格、提升心性，安冈正笃先生论述过'知识、见识、胆识'的说法，意思是必须分三个阶段来提升心性。"

2. 圣人贤者中村天风

中村天风（1876—1968），曾患绝症奔马型肺结核，偶遇印度瑜伽大师，并随其在喜马拉雅山修行，治愈绝症并开悟，回到日本后，创立并倡导"身心统一哲学医学"即"身心统一法"，以及积极思考的天风哲学。

稻盛先生表达过这样的意思：在自己素养不够，宗教哲学方面读书不多时，可以引用名家名言。他说，"我也曾借用过松下幸之助先生、中村天风先生、安冈正笃的话。开始时是借用之物，但在反复讲述、反复应用的过程中，这些思想就变成了自己的东西。"[26]

在《心》一书中，稻盛先生以"倡导'心态开拓人生'的哲学家"为题，讲述了中村天风对其影响：

心灵才是塑造人生最重要的因素。告诉我这个道理的老师之一就是中村天风先生。虽然说是老师，但实际上我并没有亲眼见过他。主要是阅读和理解他的著作。此外，我还通过他生前亲密交往的人了解他。因为心里仰慕他，才学习他的思想，以此作为自己的精神食粮。

曹岫云老师在分析成功方程式的产生时指出，"稻盛先生 30 岁时读到天风先生的著作，对他的思想非常佩服"，并认为，稻盛在京瓷提出的口号——"以渗透到潜意识的、强烈而持久的愿望和热情，去达成自己设定的目标"就有天风哲学的影响。

2010 年 2 月 1 日稻盛先生到任日航向干部致辞时就引用了中村天风的名言："实现新计划，关键在于不屈不挠的那颗心。因此，必须抱定信念，士气高昂，坚忍不拔，一股劲儿干到底。"在日航稻盛先生还引用中村天风的名言："人作为人之存在，最重要的不是头脑的好坏，而在于心"，并被大田先生提议印成海报张贴在办公室。天风哲学强调心的巨大能动作用。他说，"晴天也好，阴天也罢，富士山的原貌是不变的。人类亦是如此，不论状态好坏，灵魂是不变的。"[27]

最为我们熟知的天风哲学，应该是稻盛所引用的"有意注意"。稻盛先生说：

我所敬仰的中村天风先生精通印度瑜伽，被称为日本最了不起的圣人和贤者，他也曾说："若做不到'有意注意'，人生则无意义。"并教导世人："不管看似多么微不足道的事，都要认真思考。只有平时养成了这样的习惯，在需要判断及定夺时，才能做到'感觉敏锐如刀'、'思维迅疾如电'。"[28]

初创京瓷，钱是借来的，自己承载着大家的信赖和巨大压力，容不得判断失误。稻盛先生意识到："要想成为优秀的企业家和领导，必须具备能够瞬间做出正确判断的能力。否则，等到将来公司规模壮大、员工增加时，就势必很难保障数万名员工的生活和福利。"[29]于是，稻盛先生终其一生磨炼和践行"有意注意"，并具备了敏锐而准确的判断能力。

此外，"与宇宙意志相和谐""思善行善""乐观开朗"等稻盛哲学思想，都可以看到天风哲学的意蕴。这是巧合还是传习，有待专题研究。

（六）稻盛哲学的心学范畴本源

稻盛哲学的"心"有两大范畴：第一是佛心，是心性之心，贵在"纯"，是与宇宙意志相和谐的心性。由此产生稻盛哲学的第一个主轴——提高心性、拓展经营，称"心灵管理"。心的第二个范畴是儒心，是关系之心，可用儒家最核心的概念"仁"来概括，贵在"爱",即"利他",是企业与员工关系性质的定位,由此产生稻盛哲学的第二个主轴——以心为本的经营,即"心本管理"。这便是稻盛哲学的两大主轴,见图 2-3。

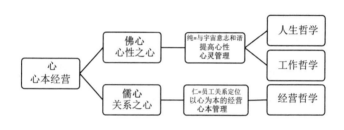

图 2-3 心本经营

稻盛先生的哲学来自其实践中的思考、读书及理性总结,根植于日本的文化土壤,定位于无形的文化坐标。我们无法复制稻盛先生的人生经历,也没有其赖以成长的文化土壤。我们可在该文化坐标的辅助下,更好地走进稻盛先生的精神世界。

结论是,读稻盛哲学,不仅要读稻盛和夫先生本人的作品,还要读他直接和间接读过的,以及作为其文化土壤或上游源流的重要文献与经典,如代表性作品——涩泽荣一的《论语与算盘》及《论语》等。日本塾生企业家原田智树分享过他的学习方法："我顺藤摸瓜地把塾长讲话中出现的塾长参考过的文献和书籍收集起来，360度地努力去理解塾长所传达内容背后的含义。我发现，把塾长读过的书籍按照时间顺序依次阅读的话，就能更深刻地理解塾长讲话的背景，这个方法非常有用。"[30]

总之，在我提出的导入稻盛哲学的"原浆勾兑"法中，共有四级"原浆"：第一级，以《活法》《京瓷哲学》为代表的稻盛原著；第二级，稻盛先生读过的书，如袁黄的《了凡四训》、吕坤的《呻吟语》、中村天风的《命运的开拓》、西乡隆盛的《南洲翁遗训》；第三级，特指第二级原浆作者读过的书，如西乡隆盛读过的《近思录》和《传习录》等；第四级，也称"根本原浆"——四书三经：《论语》《大学》《中庸》《孟子》《易经》《老子》《坛经》。我们需要通过学习稻盛哲学，找回中华优秀传统文化的根脉，推动优秀传统文化的创造性转化和创新发展。

解析篇

解析篇将基于《京瓷哲学》的三大板块——人生、工作、经营，梳理京瓷哲学的结构与条目要点，详见附录1"京瓷哲学内在逻辑"。

第三章　稻盛人生哲学（上）

一、人生哲学总述

在《京瓷哲学》中，体现心性观的哲学条目为"提高心性"标题下的第1条至第7条。

特别需要提出的是，通过稻盛先生对"提高心性"的解读，可以将"人生的目的在于拥有美好的心灵"，简称"拥有美好心灵"，作为京瓷哲学第一条。在《日航哲学》中就有该条。日航重建成功后，稻盛先生和日航员工代表接受电视台采访，主持人问到"日航哲学40条，最喜欢哪一条？"，稻盛先生的回答是"在日航哲学里，我最喜欢'拥有美好心灵'这一条"。

在"思考人生"一节标题下的第43条至第50条，可列为"人生观"。2013年3月，稻盛先生卸任日航会长之后，终于有机缘总结自己的"幸福论"，并在2013年盛和塾西日本地区塾长例会上发表。于是，形成了人生哲学三观——心性观、人生观、幸福观，见表3-1。

表3-1 人生哲学结构与内容扩展

纲	目	条
人生哲学19	提高心性	1. 拥有美好的心灵（补充）
		2. 与"宇宙意志"相协调
		3. 爱、真诚及和谐之心
		4. 以纯洁的心灵描绘愿望
		5. 拥有坦诚之心
		6. 必须始终保持谦虚
		7. 怀有感谢之心
		8. 保持乐观开朗
	思考人生	1. 人生·工作的结果 = 思维方式 × 热情 × 能力
		2. 认认真真地过好每一天
		3. 心想事成
		4. 描绘梦想

（续表）

纲	目	条
		5. 动机至善，私心了无
		6. 抱纯粹之心，走人生之路
		7. 小善乃大恶
		8. 人生需时时反省
	感受幸福	1. 认真工作的充实感
		2. 感谢之心的满足感
		3. 谦虚反省的平安感

以上是解析篇"人生哲学"部分的总体结构梳理，本章将解析人生哲学的第一部分——提高心性（心性观）。

二、提高心性

作为《京瓷哲学》第一章第一节，"提高心性"是全部稻盛经营哲学的基础，具体内容有 7 条，见表 3-1。作为这 7 条的总纲领，是稻盛先生在论述"提高心性"时指出的"人生的目的在于努力纯化和净化自己的心，从而拥有美好的心灵"。这也是《活法》一书的核心命题。可以说，《京瓷哲学》的第一条或者稻盛人生观的根本，就是通过提高心性，达至"拥有美好心灵"。因此，这一条，可以认为是《京瓷哲学》78 条的第一条。

日航重建的有形成果是经济数据 V 字形逆转，而更本质的是其背后无形的文化成果——员工意识、心灵、心性、行为的变化。在问及"名誉会长在这个企业三年，公司与员工的哪个地方是改变最大的"这一问题时，日航植木义晴会长说："用一句话概括——'核算意识提高了'，这样说大家应该很容易理解。但是，我感觉变化最大的是'员工的心灵变美了'。因为有了美丽的心灵，给其他所有的方面都带去了好的影响。"

"一切始于心、终于心"，一言以蔽之，日航的重建，本质上是"心"的重建，而经营表现的巨变，则是心之巨变的必然结果。

京瓷创立不久，稻盛先生就悟出了其所谓"人生方程式"，并称之为"京瓷哲学的根本"。它是稻盛先生自己乃至京瓷的成功模型，也是日航重建的底层逻辑。因此，它可称为"稻盛哲学方程式"，简称为"方程式"，具体内容为：人生·工作的结果 = 思维方

式 × 热情 × 能力。正如稻盛先生所言，其中的"思维方式"就是人心，而"热情"是由人心所生。

"稻盛哲学"就是"心学"，堪称"稻盛心学"，它是现代版和企业版的"心学"。"心"是东方哲学核心，也是稻盛哲学核心。而"心"，却是在西方主流学术视野之外。西方管理学也较少涉及"心"的问题。其区别，犹如中医与西医。

总之，《京瓷哲学》第一章"度过美好人生"共有六节，唯独第一节"提高心性"稻盛先生做了非常详细的解读。本节是整个稻盛经营哲学的导论，只不过稻盛先生没有按照教科书格式表述。阅读该书时，大家需要格外重视。

（01）与宇宙意志相协调

内容提示

A "宇宙意志"内涵与作用；

B "宇宙意志"对于稻盛哲学的意义；

C "宇宙意志"与提高心性、觉悟的关系；

D "思维意识"与经营的关系。

（一）"宇宙意志"与天理良知

这一条是全部稻盛哲学的理论根基，也是京瓷社训（信念）的进一步展开。"与宇宙意志相协调"即"敬天爱人"——"敬奉天理、关爱世人"。"天理"即宇宙意志，即"良知"，亦即"爱、真诚、和谐"。

中村正直（1832—1891）是日本明治维新时期影响力接近福泽谕吉的启蒙思想家。他生于江户，自幼学习汉学、兰学、英文，精通儒家经典及西方思想，1874年皈依基督教。他试图寻求超越"上帝之道"与"圣贤之道"的普遍精神原理，探求两者的共同项，答案是"敬天爱人"。[1]在基督教哲学中，宇宙意志被人格化为上帝的意志，同样强调"爱"，并被记录在《圣经》中。

在中国哲学中，这个"宇宙意志"就在自性之中，即《中庸》所谓"天命之谓性"，就是慧能大师黄梅所悟"何其自性……"，同是阳明先生龙场所悟"圣人之道，吾性自足"。

总之，理解"宇宙意志"的逻辑线索为，"宇宙意志"即"天理"，"天理"即"良知"。"良知"就在自己心中，即阳明先生所言"个个人心有仲尼，自将闻见苦遮迷。而今指与真头面，只是良知更莫疑"。

在心上"为善去恶"就是"格物"。"格物"就可"致良知"。因此，稻盛先生的"提高心性"就是阳明先生的"致良知"。

（二）觉悟型组织

稻盛先生在解读第 74 条"制造完美无瑕的产品"时指出，"企业家不仅要追求产品的完美，还必须追求公司整体的完美"。先生认为"转迷开悟、安心立命"的境界，是企业经营的根本追求，是"提高心性"的目的。所谓"转迷开悟"，就是悟这个"宇宙意志"。而"拓展经营"，则是顺带的结果。

在此，组织文化建设的目标对应于彼得·圣吉的 Metanoic Organization，作者将之译为"觉悟型组织"。亦即，导入稻盛经营哲学的目的是——建设"觉悟型组织"。学习型组织理论的代表性学者彼得·圣吉，在其《第五项修炼》中指出：

在过去数百年来的西方文化中，有一个单词很少被使用，但却可表达学习型组织的精神。这个单词是 metanoic，意思是心灵的转变。这十多年来在辅导企业时，我们私底下原先是用 Metanoic Organization 来形容学习型组织的。希腊文这个字的意思是心灵意念的根本改变，一种"超觉"的经验。在早期基督徒的传统中，这个字特指醒悟而直接觉知至高无上的、属于上帝的事物。在天主教的经论中，这个字被翻译成"体悟生命的真义"。[2]

（三）ABLE 公司的印证

2021 年 12 月 18 日举行的实践经营者道场《大和》（原大阪盛和塾）自主例会上，日本塾友佐藤发表了"心想事成"的主题演讲。他在自身条件很薄弱的情况下创立 ABLE 公司，并将很多不可能变为可能，成功进入核电防患、机器人、再生能源发电等领域。他所从事的事业，都是关乎国家、地区和人类福祉的工作。特别是在 2011 年 3 月 11 日东日本大地震引发的福岛核电事故后，该公司完成了几乎不可能的核事故排除工作，如沉静化和废炉作业。其背后的原因是什么？

据宫田先生讲，在一次西日本忘年塾长例会期间，佐藤社长就机器人处理污染和用木质生物质发电的事业去请教稻盛先生。会上，稻盛先生的讲话当时对他的教导，也是他后来成功的原因，同时也是对本条"与宇宙意志相协调"的最佳解读。稻盛先生讲话极为珍贵，不舍得再删节，特摘录如下：

我刚刚接到一位想开创新的伟大事业的塾生的咨询。当你决定在现有公司中开始新的事业时，你需要重新思考这个事业对人们、世界和社会意味着什么，对当今日本社会的人们是否具有重要意义。这个是需要认真思考的。

我总是说，"为社会为他人尽力是我们每个人的人生目的"，如果是符合这个目的的企业或工作，只要你燃烧你的信念并怀着坚定的意志去坚持的话，你就可以把看起来很难的事情做起来。对此我想我在之前的京瓷、现在的KDDI，还有这次日本航空公司的重建都证明了这一点。

以利他的心态为世人做事，而不是基于个人和自私的想法，只要有巨大的热情和坚强的意志去做事，那你就一定可以成就这番事业。

这些天我又在回想中村天风先生的教导。我在床上读着天风先生的书来学习。但在工作的时候，我们需要用自己的智慧，也就是用我们的头脑，用我们的心去思考"我们要这么做、那么做"，去制订计划。但是，天风先生说，只用头脑思考和用心计划是不够的，还必须是上天或宇宙都会认为是"原来如此，真是个绝妙的计划"，然后会来支持我们的那种崇高的计划才行。

我们所有人都拥有与构成宇宙的基本要素完全相同的元素。那就是我们人类的根基部分，构成森罗万象的宇宙的本质的部分，是在我们每个人的内心深处的东西。因为有了这个，我们才享受了在这个世界上的生，才能这样活着。有肉身的自己不是"自我"，也许有人说"我"就是"心"，但天风先生说不是心。宇宙中具有的相同的本质和基本的东西，是个人心智底部的"自我"。有人可能会称它为"灵魂"，当这个灵魂跟宇宙做出感应，跟宇宙同频时，就能解决所有困难的事情。

（中间省略）

就算大家都觉得"这么难的事"，也可以简单地实现。任何人都想知道为什么他这么容易就完成了那件困难的事情。用你的理智去思考会觉得特别困难或不可能的事，如果你把你的真我跟宇宙同频，老天就会来帮你的。如果我们从事的事业是上天都支持的事业，只要我们不断地提高心性，那么再困难的问题也都可以得到解决。我是这么认为的。

如果你用一颗纯真的心去思考，即使你步入了别人认为"他这样做了，会遇到很多麻烦"的艰难境地，你也能找到合适的解决方案，困难会迎刃而解。一个拥有美丽心灵的人，不仅靠自己的力量，连宇宙都会站在你这边，万事都会顺利起来。这就是自然界的法则。

我想在座的各位经营者都在尽力做好经营，努力让自己的员工和家人幸福。你只要纯粹地抱着这个想法去做事，就一定会顺利的。

由一个塾生的话心生感触，想让参加盛和塾的诸位都能理解我的想法，所以一开始就说了这段话。[3]

佐藤塾友发表后，作者应邀做了总评发言，并分析了其内在逻辑与原理：稻盛先生所谓"宇宙意志"，相当于中村天风先生的"宇宙灵"概念。他将"本体"

称为"宇宙灵",并且认为它是创造一切万物的能量本源。他认为,认真地思考"宇宙灵"与万物的这一绝对关系,就会断然地得出一个结论,即思考创造人生。

按照天风先生的概念体系,灵魂的活动,对应"心",而"心"表现为"念"。"灵魂—心—念"是一体的,灵魂心念与宇宙灵是正相关的。宇宙灵根据心念的善恶,而给予好坏之力的回馈。这也就是《老子》所谓:"天道无亲,恒与善人"(《老子》帛书本44章)、"同于德者,道亦德之;同于失者,道亦失之"(《老子》帛书本68章)。

佐藤塾友为地球工作,其"解决人类环境问题、增进人类福祉"的大义名分使命,与稻盛先生所谓宇宙意志同频,必得天助。总之,佐藤塾友将宇宙意志体现于使命、贯彻于业务,通过不懈努力,最终将不可能变为可能。这印证了稻盛先生指出的"心中充满爱,思想与宇宙意志同步,经营就会一帆风顺。而且如果企业家拥有这样美好的心灵,就算他觉得'自己的企业不用再发展了,不用再扩大规模了',他的企业还是会自然而然地发展壮大"[4]。这就是"提高心性、拓展经营"的底层逻辑。

（02）爱、真诚及和谐之心

内容提示

A 心灵结构与"真我"；

B 如何进入"爱、真诚及和谐"的境界；

C 提高心性、磨炼灵魂的原理；

D 心性的三大标准及其含义。

（一）按图识"心"

本条的主旨，就是稻盛先生提出的"必须让心态一直保持在'充满爱、真诚及和谐'的境界之中"。而这个"爱、真诚及和谐"就存在于人的内心深处，却被肉体带来的欲望所障蔽。为了能够理解并实践本条，首先需要理解心灵结构。

稻盛先生在不同时期，提出过不同的心灵结构图。2007 年稻盛先生对塾生发表了"信念与意志：利己与利他共存的心灵结构"的讲话，并特别指出了人心的两面性，以便普通人理解人心并着手实践"提高心性"，见图3-1。

　　图中显示了由内而外的五层心灵结构。现重点介绍其第二层。其余在图3-2中介绍。稻盛先生认为："在到达真我之前，存在着'向善之心'和'从恶之心'……我们的心中住着好人和坏人。"[5]

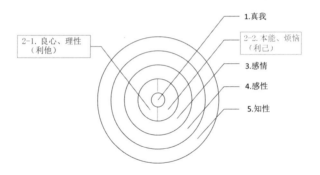

图3-1　利己与利他共存的心灵结构

　　资料来源：稻盛和夫：「信念と意志—利他と利己が同居するこころの構造」，『盛和塾』第83期。

　　在真我之外的第二层，即"灵魂"层，左边是真我发出的"良心、理性"，是利他的好人。此"理性"特指真我起用而产生的"良知、正念"。右边的"本能、烦恼"，其属性是利己的。稻盛先生认为，本能来自肉体需求，需要知足和节制。稻盛先生指出，欲望、愤怒、抱怨及牢骚不满等不好的想法，也是基于本能而产生的，属于"烦恼"范畴。所以，本能与烦恼并列。

稻盛先生以此图提醒我们，在心中减少恶的比例、增加善的比例，让善心主宰自己的心，可谓"比例即人格"。

通过综合分析稻盛先生 1995、2000、2004、2001、2007、2010 各版本的心灵结构图（本书略），尤其是《活法》（2005）的相关论述，可理解其理论演变并绘制"较新心灵结构图"，详见图 3-2。

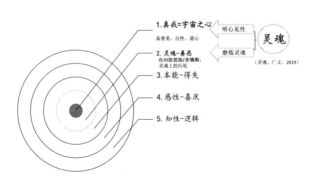

图 3-2　较新心灵结构图

如图所示，人心由内到外，一共五层。综合稻盛先生相关论述，初步理解如下：最外层的是知性，是后天的智力及思维能力，并通常由此做出分析性决策。第四层是感性，包含五感、情绪和情感，会体现出情绪化和感情用事，靠喜恶做决策。第三层是本能，以自私和我执为特征，靠得失做决策。稻盛先生指出："不管多么讲究逻辑，这个逻辑实际上往往还是基于本能和感性做出的判断。"第二层是狭义的灵魂，第一层是"真我"。第一、第二层共同构成广义的灵魂。"真我"之外的第二至第五层，每一层都自成"小我"或"自我"。人有多个自我，并因此通常会自我纠结、自相矛盾。稻盛先生建议我们充分利用"知性"，并指出，"我们应该可以通过知性来分辨是非，劝诫自我……通过知性抑制本能，当本能逐渐淡薄时，处于心灵深处的良心和理性就会自然而然地发挥作用。这是一种驱使知性和理性抑制本能的方法。"

关于"良心和理性"的位置，据稻盛先生 2010 年关于"经营之心Ⅲ"讲话，在真我层；据 2007 年关于"利己与利他共存的心灵结构"的讲话，在紧邻真我的第二层，见图 3-2；据 2001 年关于"影响人生的两大法则"的讲话，在"真我"旁侧的"灵魂"层[6]。

在"较新心灵结构图"中，"灵魂"载有负面的恶念恶行，同时也载有正面的善念善行以及现实正面的知识经验积累。可以认为，"良心和理性"位于紧邻"真我"的"灵魂"层。这符合在灵魂中同时住着一个好人、一个坏人的说法，并与"利己与利他共存的心灵结构"一致。

"业"有"善、恶、无记"三类，而稻盛先生在《活法》中侧重的是"恶业"，即"业障"，并强调其对"真我"的遮蔽。"业障"或可理解为：后天习得或造作的不良"习性"与先天自带的不良"秉性"的集合，也就是心理学范畴不良的行为习惯、思维定式和性格特征。它被稻盛先生比喻为附在灵魂上的污垢，以"怒欲怨"（贪瞋痴）三毒为特点，是提高心性的最大难题和突破口。

寻找并彰显内心或灵魂深处的"真我"，就是提高心性的过程和目的。这个过程，也就是"明明德"。"真我"就是"光明圆满的德行"（"明德"）。第一个动词的"明"，就是要去掉蒙蔽"明德"的黑暗，即心灵结构图中包裹真我的层层蒙蔽，而使之光明起来，并达至阳明先生所谓"吾心光明"的境界。

西方心理学家弗洛伊德也曾提出过其著名的人格结构图，见图3-3。其中有三个我：处于最底层的是本我（Id），也叫潜意识，奉行快乐主义，是利己的。处于最高层的，是超我（Super Ego），遵循伦理主义，是利他的。处于中间的，则叫自我（Ego），遵循现实主义，并平衡本我和超我。此理论可以辅助我们理解人格的多重性、多个"我"的并存性。

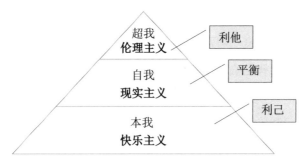

图3-3　弗洛伊德的心灵结构图

（二）心性的标准

本条原文提出了"爱、真诚、和谐"的具体内容，其实就是心性的标准。

这三大标准，在逻辑上，是互相包含、互相等同的，"爱"就是"真诚"，就是"和谐"，反之亦然。它们都指向一个大的范畴——广义的"爱"或"利他"，并直接体现了前述"宇宙意志"，并与之和谐。因此，本条是"与宇宙意志相协调"延伸和展开。

（三）通往"真我"之桥

为了进入并保持稻盛先生所强调的"充满爱、真诚及和谐"的境界，需要凭借个人的"觉性"。它是通向真我之桥。为此，我提出了"三心二意"心灵结构图，见图3-4。图中的三个心，对应了三个我。"念心"，对应"自我"，这是念头之我。常人每日被念头支配、被念头烦扰。这念头，多种多样，有好有坏，也有不好不坏的。念头的来源，有本能驱动的、有理智驱动的、有习性秉性驱动的，当然也有良心驱动的。"念"，"今心"为"念"，是"心"着相之后的"想"，相当程度上对应人的"智识"，大脑皮层的第六识"意识"。而"觉心"，对应"觉我"，那个清清明明有觉知的我，是心田上的"慧识"[7]。其起用，也称"觉知""观""照""观照"。而最核心的"真心"对应的就是稻盛先生心灵结构的"真我"。

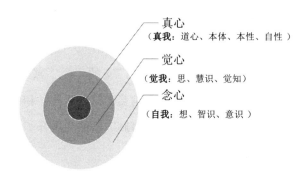

真心
（**真我**：道心、本体、本性、自性）

觉心
（**觉我**：思、慧识、觉知）

念心
（**自我**：想、智识、意识）

图3-4　三心二意心灵结构图

"觉心"是连接"真心"的桥梁，也是"真心"的外皮（行益先生语）。当"觉心"很稳定、很强大时，觉性圆明，真心透发。

狭义上，"念"特指"妄念"，是不良的。"不怕念起，只怕觉迟"，我们需要用觉知去驾驭念头。《了凡四训》讲"改过"，有事上改、理上改、心上改三个层次，并认为心上改是根本，即"最上制心，当下清净；才动即觉，觉之即无"。也就是说最上等的，是制服妄想私心，改正错误念头，每个当下心都是纯净的。不良念头一动，就觉察到。只要一觉察到，不良念头就消失了。

我提出的"三心二意"，对应了阳明先生的四句教："有善有恶意之动"。念头的出现，总有善恶之分。这即是念心。一般而言，利他的念头为善，利己的念头为恶。"知善知恶是良知"。这个能知善知恶的良知心，就是"觉心"。"为善去恶是格物"就是用知善知恶的良知去革除不良妄念。格物，就是在心上下功夫，就是提高心性。"无善无恶心之体"。作为本体的心，是没有善恶的。而当它起用时，则是清澈的良知，也就是"真心"。此所谓道体德用。

（03）以纯洁的心灵描绘愿望

内容提示

A 发心纯粹的必要性；

B 因果法则的真实性；

C 努力的必要性。

（一）因果律

因果规律可表述为：境由心生、外境源于心境。发心即是因，心有善恶。善因善果、恶因恶果，因果相随。

北京果多美水果连锁超市的企业信念，是"种善因、果多美"。其核心价值观是"无我利他、向善向上"，所对应的就是"纯洁的心灵"。创建初期，果多美发自纯洁心灵的愿望是"让中国人吃水果不再有顾虑，安全无忧，品质无忧，价格无忧，造福天下民生"。公司在采购、定价、销售等环节秉持使命、货真价实，成就了京城果王的美誉。在字号、店面、价格、品类等方面无数家同行模仿果多美，但大多失败。因为，纯洁的心灵难以模仿。

（二）利他加努力

为了避免读者偏执，稻盛先生特别叮嘱：仅靠纯洁的心灵，一心利他，并不能保证企业成功。我们还必须像植物那样，拼命求生存、求发展。稻盛先生强调：首先必须付出不亚于任何人的努力。与此同时，必须具有美好心灵。由此，可以总结出一个"发展四象限"。横坐标是努力程度、纵坐标是心灵纯洁程度，见图3-5。

A：心灵纯洁—非常努力：长远持久成功；

B：心灵不纯—非常努力：一时成功、不会长久；

C：心灵纯洁—不太努力：勉强生存、停止发展；

D：心灵不纯—不太努力：无法生存。

在实际情形中，努力程度和心灵纯洁程度，以及企业的成功，可以是 0—100 的模糊集合。以上只是一个大致的定性划分。比如，我们身边有不少这样的经营者，心灵 80% 的纯洁度、90% 的努力度，成功度 85%。这需要建立数学模型和评估体系。

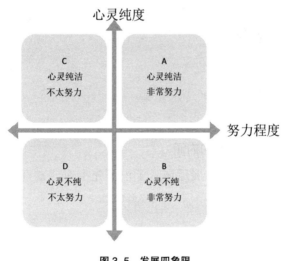

图 3-5 发展四象限

其实，仅仅这两个变量还不能决定企业的成功，还必须加上"能够彻底追求事物的本质"，即稻盛经营学之实学所体现的科学性，否则可能就是"好人加蛮干"。此三变量，恰对应方程式的三要素，其中的"能力"也不可忽视。发心纯粹、竭尽全力，却干不成事的，大有人在。但是，在讨论本条哲学的时候，不妨只聚焦以上两个变量。

（04）拥有坦诚之心

内容提示

A 坦诚之心的内涵；

B 坦诚之心的实践要领。

（一）坦诚的内涵

松下资料馆展厅展示了松下先生对"素直"（展厅看板中文为"坦诚"）的解读：

不受任何事物拘束、观察事物真髓的心。所以，只要心地坦诚，就可以按照事物的本来面貌，正确把握什么是正确的、应该做什么。也就是说，坦诚的心，可以使人坚强、正直，变得聪明。对任何事都用坦诚的心去问一个"为什么"，是进步的开始。

在松下资料馆有赠阅的"PHP自我诊断检查表"，共列出了素直心的10个要素，见表3-2。

表3-2 PHP自我诊断检查表

不为私心束缚	分
积极倾听	分
宽容	分
看清事物的本质	分
明白事理	分
向一切学习	分
从心所欲（融通无碍）	分
平常心	分
懂得价值	分
博爱之心	分
合计	分

资料来源：PHP研究所

松下先生的书法墨宝，一个字是"道"、两个字是"素直"。松下先生认为"素直心是人之本心"。可以认为，"素直心"就是"道心惟微"之"道心"，就是"天理即良知"之"良知"，就是《维摩经》之"直心是道场、直心是净土"。

本条内涵是"谦虚",是"素直心"的一个体现或起用,正如本条首句"所谓坦诚之心,就是承认自己有不足,从而发奋努力的谦虚态度"。因此,《京瓷哲学》"坦诚"的翻译是合适的。

(二)往往做不到坦诚的三种人

本条列出往往做不到坦诚的三种人,他们往往不愿意听取别人的意见,即便听了,也会反驳。如果对号入座的话,我们都难以避免:

①有能力的人;

②性情急躁的人;

③自我意识强烈的人。

这三种情形中,"自我意识强",亦即"我执"是主要问题。而且越是有能力的人,越是容易"我执",即自以为是、执着自己的观点而拒绝他人意见、拒不改变自己。这对应了老子所告诫的"自见(固执己见)者不明",孔子告诫的"毋意,毋必,毋固,毋我"。

(三)真正能够取得进步的人

本条还指出了真正能够取得进步的人所具备的三个行为表现:

①经常听取别人意见；

②经常自我反省；

③能够正确认识自己。

以上三条的关键是"自我反省"，它是保持谦虚、持续进步的根基。

（四）坦诚之心的团队作用

根据本条文义，拥有坦诚之心的人，能够物以类聚地团结同样心态的人，或者能够营造坦诚的文化氛围。本条也是"直言相谏"的前提，如果团队中具有坦诚的文化氛围，大家就会放心大胆地直言相谏，从而使个人进步、团队高效。

（五）坦诚之心的实践要领

本条的实践要求是"虚心听取意见"，好处是能够进步。正如毛泽东所言"虚心使人进步，骄傲使人落后"。然而，常人基本处于"无明"状态，难于做到虚心听取意见。因此必须遵从老子的教诲，做一个明白人：做到"自知者明""不自见故明"。"自知"就是知道自己的不足和局限。"不自见"就是不"固执己见"。能够自知、不自见，必能虚心听取意见。于是，能弥补不足、拓宽视野，而臻于"明白四达"境界。

（05）必须始终保持谦虚

内容提示

A 傲慢产生的社会背景；

B 傲慢的危害；

C 谦虚的必要性；

D 谦虚的行为要求。

（一）本条视角

上一条"坦诚之心"立足于个人进步，从自知不足而虚心接受意见的角度谈"谦虚"。本条则立足于团队合力，从收敛自我而戒骄戒躁的角度再谈"谦虚"。这两条尽管有重叠，但侧重不同。

（二）谦虚的必要性

本条关于谦虚的必要性，有两条线索，并且用反证法说明。现梳理如下：

1."自我中心"妨碍团队协调

随着全球化的进展、西方思想的渗透，东方"集体主义"价值观被弱化。于是，正如稻盛先生所言："'自我中心'价值观持有者，即过分强调自我主张的人越来越多。"这就会导致自我之间的冲突，需要团队内及团队间横向配合的工作就无法进展。

2."骄傲"得不到他人帮助与个人成长

人性的弱点及其后果，正如帛书本《老子》53章所言："贵富而骄，自遗咎也。"人性的弱点，常人难免其俗。人们在有钱、有权、有地位时，都会倾向于自我膨胀，并骄傲，于是就会给自己带来麻烦甚至祸患，至少会招致他人厌烦和阻力、得不到帮助，自己也不能成长。

（三）中国经典有关教导

中国古书关于谦虚的思想非常丰富，稻盛先生也常常引用。我们可以从中找到实践本条的教导。

1.《了凡四训》的谦德之效

本条所引中国古书"惟谦受福"一说，就出自《了凡四训》（在日本称《阴骘录》）。其"谦德之效"作为"四训"之一（简称"谦训"），将"谦虚"作为一个重要德目，从原理到实修，结合案例论述缜密。

"谦训"首先引用其文化源头《易·谦》"天地神人"对"盈"与"谦"的正负作用，进而用《书经》的"满招损、谦受益"来申明《易·谦》之大用。随后以丁敬宇为例讲"惟谦受福"，赞其"受侮不答，闻谤不辩"，以赵裕峰为例扬其"心服速改"，以冯开之为例称其"虚己敛容、平怀顺受"，以夏建所为例赞其"气虚意下，谦光逼人"。本训以此四例论证平凡人即将成功所显现的品格境界——"谦光可掬"，进而又以张畏岩为例，告诫我们"……须念念谦虚，尘尘方便，自然感动天地，而造福由我。"

至此，"惟谦受福"之旨尽矣！建议读者重点研读并践行《了凡四训》"谦德之效"。

2.《传习录·卷下·门人黄以方录》论傲与谦

先生曰："人生大病只是一傲字。为子而傲必不孝，为臣而傲必不忠，为父而傲必不慈，为友而傲必不信。故象与丹朱俱不肖，亦只一傲字，便结果了此生。诸君常要体此人心本是天然之理，精精明明，无纤介染着，只是一无我而已。胸中切不可有，有即傲也。古先圣人许多好处，也只是无我而已，无我自能谦。谦者众善之基，傲者众恶之魁。"

阳明先生论述了"傲"之害与"谦"之利。其核心思想如下：

（1）**傲为大病** 人生大病只是一傲字。有此病者，其所有角色都以不肖而告失败。今人之于员工、干部、经营者角色同样如此。"不肖"古语形容德才素质不及或低劣之谓。

稻盛先生深知"傲"是人之通病，所以人生哲学的前三条讲过基本理论之后，从"坦诚""谦虚"开始进入心性实修环节，首先治"傲"，而培养"谦德"。

（2）无我为要 未经污染的真我、纯洁的心灵，只是无我而已，有我即傲。因此，戒除傲的关键就是，减少直至消除"我执"。可以说，减少一份我执，便能减少一份傲慢，增加一份谦虚。这也是提高心性的下手处。

（3）谦者众善之基，傲者众恶之魁 提高心性，必须从戒傲增谦开始。"坦诚""谦虚"是最基本、最重要的修行。

（06）怀有感谢之心

A 怀有感谢之心的必要性；

B 培育感谢心。

（一）本条内在逻辑

梳理本条内容及稻盛先生的讲解，可发现其内在逻辑："谦虚之心"作为前提，可以产生"感谢之心"。如前所述，"谦虚"是放下"自我"的不自视（自我张扬）、不自见（自以为是）、不自伐（自夸）、不自矜（居功），把自己视为环境的产物和一部分。此谦德的推进和升华，必生感谢之心。谦虚心加上感谢心，必然导致和谐的人际关系。而和谐的人际关系，会导致好心情、好合作、好操作，特别是对顾客的感谢之心，会进入产品，最终制造出让顾客满意的产品。服务业也是如此，见图3-6。

图3-6　本条内在逻辑

初到日航的2010年3月，稻盛先生在"关爱顾客"员工研讨会上对客舱乘务员讲道："所以，对于服务业的我们而言，最重要的是要亲切待客，是对喜爱日航的顾客由衷地说出谢谢的感恩之心。抱有这样的伴随感谢的温柔的关爱之心，是一切的开始，也是一切的结尾。我坚信只有这样日航才能重获新生。"[8]

（二）感谢心的培育

稻盛先生参与"隐蔽念佛"时，僧人曾叮嘱幼年稻盛："从今以后，你每天都要说'南无、南无，谢谢'向佛表示感谢。活着的时候，只要这么做就可以了。"回忆这段经历，稻盛先生说："当时我学到了感谢的重要性，这种意识塑造了我心灵的原型。实际上一直到现在，只要有什么事，'南无、南无，谢谢'这句话在无意识中就会脱口而出，在我耳边回荡。"

稻盛先生叮嘱我们："'无论什么事情都要感谢'。我们必须用理性把这句话灌进自己的头脑。即使感谢的情绪冒不出来，也要说服自己。就是说，随时都准备说一声'谢谢'！持有这种心态非常重要。"

以上就是稻盛先生以自己的经历来教导我们，如何培育感谢心。我们只要照做，就必定能培育出感谢心。

（07）保持乐观开朗

内容提示

A 拥有乐观开朗，正面、积极心态的必要性；

B 消极心态的危害；

B 如何培养和保持乐观开朗。

（一）无条件乐观——"两不管""三始终"

本条第一段的主题是"无条件乐观"或"绝对乐观"，具体内容可归纳为"两不管""三始终"。它是成就稻盛本人及其所创建京瓷的必要条件，也是稻盛先生向我们传授的"心法"。见图 3-7。

图 3-7　无条件乐观

（二）抱持信念真言

本条第二段稻盛先生讲述了两条"信念"，并嘱咐我们要时刻抱持：

①人生充满着光明和希望；

②我一定会迎来辉煌的人生。

这两句话，是本条隐含的"信念"或"真言"。所谓信念，是坚信必能成真的念想、念头。当其表达为语言时，可称为"真言"。所谓"真言"就是具有精神力量的语言，是真实不虚一定会实现的语言。诵读真言、自我鼓励就可以让真言成真。倡导积极思考的中村天风先生，非常重视语言的力量。他提出"朝旦偈辞"，即"苏醒真言"。他要求并提示学生每日清晨醒来后，要庄严地诵读苏醒真言，并将其逐步植入心中，而且诵读时内心必须要与真言所述内容相一致。他认为，这样做的话，即使面对生命垂危的健康问题，或是命运变故，都能当即开拓命运、恢复健康。

（三）戒除消极四不要

本条第三段告诫我们必须戒除的四种心态，简称"消极四不要"：

①不要牢骚满腹；

②不要消沉郁闷;

③不要憎恨别人;

④不要嫉妒别人。

稻盛先生指出:"这类消极情绪,将使人生暗淡无光。"

(四)人生事业顺利发展三条件

本条第四段提出了能够使人生事业顺利发展的三条件:

①对自己的未来充满希望;

②乐观开朗;

③积极行动。

这部分内容是与首段相互呼应的,总结并点明了保持乐观开朗的重要意义。据此,可以归纳出人生事业顺利发展方程式,或称之为幸运之神垂青的法则。与稻盛先生提出的人生方程式的表达类似,可将其表达为:

人生事业顺利 = 充满希望 × 乐观开朗 × 积极行动

(五)阳光不动产的例证

日本阳光不动产株式会社堀口智显会长,在盛和塾稻盛哲学2016年沈阳报告会上，介绍了其三大方针：第一，利他主义优于利己主义；第二，贯彻正道；第三，绝对积极。绝对积极，是该公司的一大特征。自创业以来，该公司就一直坚持营造绝对积极的企业氛围。堀口先生指出："绝对的积极，就是决不进行负面的思考。以客户视角来看待问题，把热情用到公共利益上，以爱和正义作为内在的规范。因为每个员工的精神是以这样的思想为主心骨的，所以'绝对的积极'就能正常发挥它的功能。"

其《哲学手册》中有如下有关绝对积极的解读：

不管什么时候都绝对不能失去的态度，就是"绝对的积极"。人的心灵主宰人生的一切。坚韧的心灵态度是原动力、是发动机。这就是"时刻积极、永远积极"。心灵是生命的工具。心灵让人生朝气蓬勃。绝不能让负面的意识支配心灵。工作之所以不顺利，就是因为自己的心灵没有保持始终一致的积极的状态。绝不使用否定语。要具备危机意识，但绝不悲观，以旺盛的挑战精神去追求一切的可能性。与其花时间发愁，不如速断速行。提高心性，事情协调顺畅，工作成功。要做到这些，不可或缺的就是"绝对积极"这样一种强烈的心灵态度和工作姿态。不管什么时候都能保持开朗的绝对积极的态度。这是推动工作和人生向好的方向发展的关键要素。成功，就是绝对积极的心态的产物。

第四章　稻盛人生哲学（下）

　　《京瓷哲学》第一章第一节"提高心性"是稻盛先生的"心性观"，是整个京瓷哲学的基础。这也体现了稻盛经营哲学的心学本质。《京瓷哲学》第一章第六节"思考人生"是稻盛先生"心性观"在人生实践中的展开，属于"人生观"，而"幸福观"则是在"提高心性"和"思考人生"的实践中获得的心理感受。"幸福观"是人生哲学的重要部分，人们总是把自己的精力、财力投入到其认为幸福的事情中去。"幸福观"是人生轨迹的牵引，也是稻盛先生的人生动力与导向。见图4-1。

图 4-1　稻盛人生哲学关系图

一、思考人生

在《京瓷哲学》中，一共有 8 条关于度过美好人生的思考，下面逐条梳理。

> **（43）人生·工作的结果 = 思维方式 × 热情 × 能力**
>
> **内容提示**
>
> A 方程式的作用；
>
> B 方程式三个要素的含义；
>
> C 思维方式的重要性。

（一）方程式的意义

如稻盛先生所述，京瓷创立不久，他就悟出了"人生方程式"，并称之为"京瓷哲学的根本"。方程式也是"思考人生"的总纲，并作为该节的第一条。

它是稻盛先生自己乃至京瓷的成功模型，也是日航重建并获成功的底层逻辑。稻盛经营哲学的全部内容，无论针对个人还是企业，也都可对应到方程式的三要素：（1）心性/人格/思维方式；（2）努力/热情/态度；（3）方法/能力。方程式不仅针对个人的人生与工作结果，也可针对企业运行和经营结果。方程式针对企业，做如下说明：

①企业的思维方式：价值观、使命、愿景与战略方向等文化/哲学水准及共有程度；

②企业的热情：士气、氛围、活力状态；

③企业的能力：技术能力、管理能力、创新能力、经营能力等能力水平。

曾随稻盛先生重建日航的大田嘉仁先生在 2018 年盛和塾长沙报告会上，谈及成功方程式与日航重建时，提出了方程式的企业应用，并以此解释日航重建的成功：

企业的成功 = 员工的思维方式 × 员工的热情 × 企业的能力

企业能力 = 员工能力 + 经营体系 + 财务能力/技

术能力／生产设备等

京瓷的教育培训与人事评价，也是依据方程式展开的。比如京瓷的资格等级制度中，用于晋升的人事评价，依据哲学（思维方式与热情）、业绩、能力三要素进行。[1]因此，全部稻盛经营哲学可以用这个方程式来概括和贯穿。

（二）三个要素的含义

思维方式：特指人心、心性、心灵、人格，等同于价值观，有正负之分，数值上从 –100 到 +100 并可以用善恶衡量。这是狭义的思维方式。而整个京瓷哲学，如"定价即经营"则属于广义的思维方式。在广义思维方式中，战略方向最为重要，业务领域、目标市场等方向选错，热情与能力无济于事。

热情：发自心灵或思维方式的努力程度和工作态度，数值上从 0 到 +100。《京瓷哲学》78 条中，与热情（努力）有关的条目如"认真努力、埋头苦干""脚踏实地、坚持不懈""自我燃烧""爱上工作"等，共30 条，占 38%，超过 1/3。在"经营十二条"中占 5条，占 42%，也超过 1/3。此外，稻盛先生还著有《心法之贰：燃烧的斗魂》等相关主题著作。

能力：为顺利完成某一特定活动或任务，而在个体经常、稳定地表现出来的心理特征，如观察力、记忆力。能力有一般能力和特殊能力，并与先天素质和后天教育训练有关。在实际工作中，能力还与知识、技能密切相关。稻盛先生提到的能力概念与此都有关系。比如完成研发工作，需要化学知识、需要使用仪器的技能、需要观察能力等。

（三）思维方式的评价

稻盛先生解读成功方程式时，认为思维方式有正负，对应了心念有善恶，并且把方程式写成：人生／工作结果 = 善念（心念）× 热情 × 能力。他创造性地对善念与恶念做了定义。我参考测评量表技术，对稻盛先生提出的定义进行了少许加工，归纳出十大善念指标和十大恶念指标，分别对应正思维和负思维，并尽量做到要素变量的独立，探索出了思维方式评价表。

十善念／正思维：符合度 0—10 分，得分可有半分，即 0.5 分。如得 9 分，表示符合度为 90%；得 6 分，符合度为 60%。或用定性量：优秀 10—9；良好 8—7；中等 6—5；尚可 4—3；差 2—0。详见本书附录 2A 正思维评价。

恶念指标：用来测量恶念，然后与善念正分数相加。符合度从 10 到 0 分。每个分数都是负分。可据出现率评分。恶念来自先天秉性和后天习性，凡人难免，参见本书第三章"心灵结构图"相关内容。它会以不同的频率出现。符合度可据出现率评分，高 10—9；较高 8—7；中等 6—5；较低 4—3；低 2—1；无 0。详见本书附录 2B 负思维评价。

最后，正思维分数和负思维分数相加，就是总分。比如，问卷测试时，某测试者正思维总分数为 74 分，负思维总分数为 15 分，总分为 74–15=59，最终是不及格。他本人很震惊，并心悦诚服。

每天反省，每天打分，或者每周、每月打分，可以帮助自己认知自我、改善思维方式、提高心性，不断进步。

（44）认认真真地过好每一天

内容提示

A 当下认真的意义；

B 认真与人生使命。

本条是方程式的落地实践心法。方程式的三个要素，从热情 / 努力入手，也就是本条——认认真真地过好每一天。同样原理，"六项精进"也是从"热情 / 努力"开始——付出不亚于任何人的努力。具体要领如下：

（一）当下认真

本条的关键句是："每天、每个瞬间都极度认真对待，人生即刻就会呈现灿烂的景象。"同样的意思，稻盛先生在《活法》里也讲过："洋溢着满腔热情，努力认真地度过当下每一分钟。埋头苦干于眼前的工作，心无杂念地充实地度过每一个瞬间，这样就能通向开辟美好未来的道路。"重视每个"当下"，是禅的生命态度——"平常心是道"，即"平常心、当下事、慢慢来、急不得"。同样的意旨也体现在（11）"认真努力，埋头苦干"、（12）"脚踏实地坚持不懈"这两条，需要交叉参悟。

（二）钻石就在你家后院

美国教育家鲁塞·康维尔从一个关于钻石的故事

演绎出"钻石就在你家后院"的演讲，极富哲理，启发了很多美国年轻人。故事梗概是，拥有丰饶良田和园林的波斯人阿尔·哈菲德受到一个关于拥有钻石的诱惑，抛家舍业寻找钻石矿并客死他乡。之后，他家花园里却惊现有史以来最大的钻石矿。故事寓意是"钻石就在你的脚下"，富足、幸福和成功，就在于每个平凡当下的耕耘。

正如本条关键句所述，我们每天、每个瞬间都极度认真地专注于平凡的工作，人生即刻呈现的灿烂景象，这不就是那光彩夺目的钻石吗？

（三）认真与人生使命

稻盛先生阐释本条时指出"这个宇宙需要我们，我们的存在非常重要"，讲的是人的使命。根据《周易》天地人三才的哲学，人生的使命就是"参赞天地之化育""弥补天地化育不足"。[2]这也就是稻盛先生所谓"为社会、为世人"做贡献，让世界更完美。

所以稻盛先生阐发本条意义时启发我们："人生如此伟大，如此具有价值，倘若碌碌无为地虚度，岂不是最为严重的暴殄天物？在这充满意义的人生中，人的价值取决于每个人的认真程度。"先生认为，"极度认真地面对生活，是我们人类与宇宙神灵的契约"，并将其落实到"付出不亚于任何人的努力"。

（45）心想事成

内容提示

A "心想事成"的含义与原理；

B "心想事成"的实践原则。

（一）完成任务的心法

本条共三段，两层含义。其第一段，共两句话，重复了第 30 条提到的"强烈而持久的愿望必将实现"的含义。本段第一句话，"事情的结果由心中如何描绘而定"的含义，正如稻盛先生对第 30 条"怀有渗透到潜意识的、强烈而持久的愿望"的解读——"万物由心生，万法由心造"。这里的"法"，不是方法的意思，而是一切现象。法，梵语（dharma）的意译，指事物及其现象。先生指出，"该道理告诫我们，'如果自己陷入不幸，如果公司不顺，这一切都是自己的念想和思维所致'"。于是，本段第二句话推出结论：

"如果心里总是思考'无论如何都要成功',那就一定能够成功。'可能不行,也许会失败',这种想法占据内心时就会失败。"

先生说:"'强烈而持久的愿望必将实现'是一个普遍的真理,是否使用潜意识,只是其过程中的一个环节。只要一心念想'无论如何都要实现',就一定能心想事成。"这便是"心想事成"的基本含义。

(二)境由心造

第二、三两段的主题是"境由心造"。心不唤物,物不至。即:"内心没有呼唤的东西,不会自动来到自己身边。现在自己周围发生的所有现象,都不过是自己内心的反映。"

先生对这个道理最早的认识,是小学六年级的时候,他患上了结核病,并很悲观地认为"自己要死了"。邻居阿姨送给他《生命的真相》一书,其中一段话对少年稻盛影响深刻:"生活中的遭遇全都是自己内心吸引来的,生病也不例外。所有的一切都是由心念投射到现实中来的。"其内涵即"境随心转"。稻盛对此话深有感触,开始反省并发誓以后尽可能朝好的方面着想。这为他日后在松风工业首次"转运"播下了思想的种子。

所以，先生在本段告诫大家，不要在心里描绘那些否定性、阴暗的东西，而应在心里描绘积极的、美丽的事物。只要这样做，实际的人生就会变得美好。

换言之，心明、环境亮，心灰、环境暗。这就叫"境由心造"。稻盛先生特别引用了中村天风的告诫"千万不要抱有阴暗的念想"以及《周易》的"积善之家必有余庆"。

（46）描绘梦想

内容提示

A "描绘梦想"的意义；
B "描绘梦想"的原理与方法。

（一）梦想决定结果

描绘梦想，即建立愿景，本条是（45）"心想事成"的应用。"心想"即是"梦想"，"事成"即是愿景实现。"万物由心生，万法由心造"原理可表述为——梦想决定结果，愿景决定发展。对个人而言，愿景即

"成为什么样的人""做成什么样的事"；对企业，愿景即"成为什么样的企业""做成什么样的事业"。如广东道生科技股份有限公司的愿景："成为世界级化工材料科技企业"。

（二）乐观开朗决定梦想

描绘梦想，即建立愿景，前提是"面对严峻现实的乐观"。消极悲观的心态，无法提出高远目标。本条的相关条目是（62）"树立高目标"，其中的关键句为："只有胸怀大志，乐观开朗，描绘宏伟的蓝图，树立远大的目标，才能成就难以想象的伟大事业。"此句对应的正是柯林斯所谓"高瞻远瞩的公司"（Visionary Company）。

本条的相关条目还有（7）"保持乐观开朗"，其关键句，直接与本条有关，详见如下：

①不管处于何种逆境，不管遭遇何种艰辛，始终保持乐观开朗的心态，满怀理想和希望，坚韧不拔，努力奋斗，这才造就了今天的京瓷。

②人生充满着光明和希望。"我一定会迎来辉煌的人生"。

③不要牢骚满腹，不要消沉郁闷，不要憎恨别人，

不要嫉妒别人。

④对自己的未来充满希望，乐观开朗，积极行动，这是促使人生和事业顺利发展的首要条件。

（三）梦想体现人生价值

稻盛先生一生都在描绘并追求远大而美好的梦想：世界第一的京瓷、抗衡 NTT 降低日本国民通信费用的KDDI、环保的太阳能发电等，都体现了他的人生价值，其人生也因此而幸福快乐。所以本段结尾处，先生以自己的切身经历和成就向大家发出的忠告，我们要记住：

描绘远大而美好的梦想，用一生来追求这样的梦想。这就体现了人生的价值，人生也会因此幸福快乐。

研究《京瓷哲学》条文，就会发现其最后一段，尤其是其最后一句，总是关键的"忠告"，值得读者格外重视。

（四）"描绘梦想"，就是"思维方式"

先生在解读本条时指出："我在这里所强调的'描绘梦想'，其实就是人生方程式中的'思维方式'。如果心中充满'浪漫而美好的梦想'，人生就会变得精彩纷呈。"所以"描绘梦想"就是"心想事成"的"心想"。而此"心想"，也就是方程式中"思维方式"背后的"心"。思念造因，根据善因善果的因果原理，读者还需要研读相关条目：（2）以纯洁的心灵描绘愿望，（47）动机至善、私心了无。

（五）梦想需要落地方案

稻盛先生是理想主义与现实主义结合的典范。解读本条时他指出："梦想可以远大，愿景可以抽象，但对于从事经营活动的企业家而言，最好能够让自己的梦想更为具体一些。比如，构思更为现实的经营方针、制定更为具体的目标数字等。"比如广州莱克斯顿服饰有限公司的梦想（愿景）："携手全球优质供应商，用时尚连接千万消费者，成为中国百亿级平台式快时尚企业，拥有6000家门店规模，打造中国全渠道男装行业第一品牌。"

总之，梦想或愿景的构划，至少在阐释时要尽可能地有具体的数据，如规模和时间。随后，还需要有方针、目标以及战略规划—经营计划—实施方案的层层落地保障。

（47）动机至善、私心了无

内容提示

A "动机至善"的含义；
B "动机至善"的实践。

（一）由愿景反追动机

本条讲的是，描绘梦想并实施时，要追问动机之善恶，与（3）"以纯洁的心灵描绘愿望"同义。此处所谓梦想，就是愿景——干什么；动机，就是企业使命——为什么。这里涉及了重要的理论问题，即"愿景"与"使命"的关系。也就是建立并实施愿景时，要反过来追问动机之善恶，使命之名分。没有哪一个企业，不想做成一个事业，并做强、做大。问题是动机善否？即第二段涉及的善恶标准——利他还是利己，以及使命是否具备大义名分。

此处最经典的案例便是先生在解读本条时讲述的"第二电电"的创立。先生用了六个月的时间自问："你想创立第二电电、参与电信业，动机真的纯粹吗？真的没有夹杂私心吗？"先生称之为"灵魂拷问"。最后确认了自己的动机是纯粹的"为了日本国民的利

117

益"，并可以作为支撑事业的"大义名分"。当然，此项事业后来获得了巨大成功。

很多企业的经营者，经营企业的起伏成败，背后往往隐含了动机的善恶、利他还是利己。可以看到其中明显的因果逻辑。当然，事业的成功与否，在动机的善恶之外，还有经营能力的问题。

（二）善恶标准

一般而言，善是利他、恶是害人。需要说明的是，在商业伦理学上有"不善不恶"的行为性质。利己，但并不损害他人利益，是"与道德无关"（nonmoral），并不是"不道德"（immoral）的"恶"。

所谓善恶标准，就是道德标准。据伦理学家曼纽尔的经典教材《商业伦理》，道德标准的主要特征如下：

①道德标准，即道德与否，或善恶，涉及事项被认为是不同程度地伤害或利益他人；

②道德标准是人类通用的；

③道德标准应优先于其他价值，特别是个人利益，即某人有道德义务去做什么，就必须做，即使与其非道德价值或个人利益冲突；

④道德标准基于公正的考虑，平等看待所有人的利益，而非促进某部分人的利益。[3]

《京瓷哲学》"贯彻公平竞争的精神"，以体育比赛作比喻，论述内部制度及风气的公平公正。

先生在解读本条时，对"动机至善"之"善"的界定是——"纯粹、美好、正直、助人、温良、体谅的美丽心灵"。

在企业导入本条时，如果不能一步到位，可调整为"动机向善、减少私心"。

（48）抱纯粹之心，走人生之路

内容提示

A 百术不如一诚；

B 至诚感天。

（一）至诚

先生在解读本条时，提到了二宫尊德以"动机至善"作为人物评价的基准。二宫尊德主要思想为"八

119

字报德心法"——至诚、勤劳、分度、推让。二宫尊德的理论与实践精髓,就是其"心法"第一条——"至诚"。"动机至善,私心了无"也就是"至诚"的境界。"至诚"能感动上天,故有"至诚通天"之说。"至诚"二字也是稻盛先生常提到并最喜欢写的汉字题词。

(二)心纯事成

本条的主旨,就是稻盛先生引用《吠陀经》的箴言:"伟人的行动之所以成功,与其说凭借其行动的手段,不如说凭借他心灵的纯粹。"

本条是(47)"动机至善、私心了无"的展开或变奏,其内在逻辑非常清晰,可概括为"心纯事成"。心灵纯粹,则与宇宙意志相协调,并获得成功,见图4-2。稻盛先生创建第二电电、重建日航就是最经典的例证。

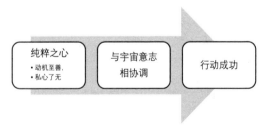

纯粹之心
· 动机至善
· 私心了无

与宇宙意志相协调

行动成功

图4-2 "心纯事成"示意图

本条的最后一段，其实重复并深化了（21）"戒除私心才能正确判断"。其内容是："纯粹无私，就具备了做人的很高见识、具备了深刻的见解。因此，其判断和决策自然正确、人生顺畅、硕果累累。"

总之，在"思考人生"这一节中，本条从思维方式的角度，来论述人生方程式——只要心灵纯粹，人生就顺利。与此同时，本条呼应了稻盛先生在解读"提高心性"时提出的"人生的目的在于努力纯化和净化自己的心，从而拥有美好的心灵（即纯粹的心）"。

（49）小善乃大恶

内容提示

A 小善的表现与性质；

B 大善真爱的实践。

（一）小善之爱

本条指出，小善之爱的原因是缺乏信念。此处信念指什么？应该是清晰而坚定的价值观，即"作为人，何谓正确？"，及其在面对同事出现问题时的运用。否则，必然随波逐流、只求相安无事。小善之爱的表现与后果，正如本条陈述："只知迎合部下，不严格要求，看上去很有爱心，结果却是害了部下。"这就是孔子批评的是非不分、迎合取巧、同流合污的老好人"乡愿"。子曰："乡愿，德之贼也。"（《论语·阳货》），特指其对道德的败损性。在企业里的老好人，可称为"企愿"，是企业道德的败坏者。

企业中的老好人、小善之爱非常普遍，究其原因，是怕得罪人，还是一个利己私心在作怪。

（二）大善真爱

大善真爱的基础是抱有信念。什么信念？只要是有利于部下进步、有利于企业发展和员工幸福的事情，就是正确的，就必须做。为了员工幸福，必须发挥员工能力、创造高收益，势必严格要求部下。稻盛先生对于竞争败落，拿不到订单，畏缩不前的销售部门员工，曾经这样训斥并激励他们："好，如果你做不到，我就在后面用机关枪打你。反正后退也是死路一条，那么你就抱着必死的勇气向前冲吧。"[4]

（三）真正的善

正如本条所述："真正的爱（善），是指无论何事，都要认真想清楚是否确实有利于对方。"《了凡四训》"积善之方"一篇，关于善的标准的论述，有助于我们理解"大善真爱"：

……善有真，有假；有端，有曲；有阴，有阳；有是，有非；有偏，有正；有半，有满；有大，有小；有难，有易；皆当深辨。为善而不穷理，则自谓行持，岂知造孽，枉费苦心，无益也。

……有益于人，是善；有益于己，是恶。有益于人，则殴人，詈（骂）人皆善也；有益于己，则敬人，礼人皆恶也。

（50）人生需时时反省

内容提示

A "反省"的意义；

B "反省"的方法。

反省的前提是谦虚，关联到（4）拥有坦诚之心、（5）必须始终保持谦虚。谦虚加反省，才能确保方程式中的"思维方式"即"人格"不下降而提升。本条要领梳理如下：

（一）如何反省

本条四个方式状语，提出反省方式和要求：

①严于律己，即严格地：高标准；

②经常地：至少每天，以至于时时刻刻；

③谦虚地：坦诚地、自以为非；

④深刻地：深挖、刮骨疗伤。

（二）反省内容

本条涉及的反省内容，梳理如下：

1. **做人原则**：自己的日常判断和行动是否符合正确的做人原则。根据方程式中思维方式相关要求，做反省，可利用前述评分表。

2. **骄傲的情绪**：自己有没有骄傲的情绪。"骄傲情绪"在本条作为专项反省对象，可让人谦虚。同时，谦虚可以让人反省，于是产生良性循环。

（三）为什么反省

本条关于反省的必要性，可梳理如下：

1. 回归真我

在此，需要回顾本书第三章的相关内容。在"图3-1 利己与利他共存的心灵结构"中，在真我之外的第2层，即"灵魂"层，左边是真我发出的"良心、理性"，右边则是"本能、烦恼"。欲望、愤怒、抱怨（贪嗔痴）及牢骚不满等不好的想法，是基于本能而产生的"烦恼"。它们是反省的重点，也是心灵庭院杂草的滋生之处。

稻盛先生认可了本能存在的必要性。我们是血肉之躯，必须维持自己的肉体。如果不吃饭、喝水和睡觉，便无法存活。因此，人类生来就具有保护自我、充满私欲的利己之心。

稻盛先生由本能的必要性，推理出反省的必要性——如果不加干涉，任由利己之心滋长，人就会利欲熏心、贪得无厌。所以"本能、烦恼"是反省的下手处。

2. 避免犯大的错误

抑制住了本能的自我，就可以避免犯更大的错误。稻盛先生曾讲过，他看到很多企业家成功后的堕落，而自己则因反省而幸免，并感受到幸福。详见后面的"稻盛幸福观"。

二、感受幸福

（一）稻盛幸福观

2013 年 3 月，稻盛先生卸任日航会长之后，终于彻底从长期的繁忙工作中解放出来，有时间在矮脚餐桌前读书、陪夫人吃大阪烧，过上平凡的日子。此时回顾过往人生，他觉得自己是世界上最幸福的人，于是开始详细地总结自己的幸福观。在 2013 年盛和塾西日本地区塾长例会上，先生第一次系统地讲述了他的"幸福观"。结合先生以往的有关论述，梳理如下。

所谓幸福观，回答的是"什么是幸福"或"幸福从哪里来"。稻盛先生通过相关研究数据得出结论：物质的富裕度与心的富足度关联不大。幸福取决于心灵状态（或简称心态）。从本质上讲，幸福就是心态，是一种深刻而喜悦的心灵感受。稻盛先生在此次讲话中，通过自身体验归纳出能够带来幸福心态的三个要素及经营者的幸福。

1. 幸福心态的三要素

（1）认真工作的充实感

稻盛先生认为幸福首先来自工作，来自全神贯注、一心一意地工作。因为"一心不乱"地拼命工作，能够"以一念破万念"，消除焦虑妄想，让人"心安"。可以说，"心安"是最基本、最大的幸福。"心不安"，也是富裕社会的最大难题。常有人向明师请教"如何安心"。如果有年轻人请教稻盛先生该问题，他一定会回答——快去努力工作！这也是他在松风工业克服烦恼并转运的良方，也是其"六项精进"的第一项——付出不亚于任何人的努力。

在心安的同时，勤奋工作让时间有价值，收获成果，带来充实感；并且克服困难，完成任务、实现目标带来成就感。这些都能够带来幸福。而吃喝玩乐，当然让人放松、也是必要的调剂，但它带来的快乐，是肤浅的、暂时的，所以很"快"就"乐"过去了，故名"快乐"。在此意义上，稻盛先生称工作是"万灵药"。

（2）感谢之心的满足感

稻盛先生始终认为"感谢心"是幸福的基础，对一切事情，甚至是细节小事乃至逆境，都要无条件感谢。如前所述，"谦虚"是"感谢"的前提，工作和经营成绩归功于外，自然会心生感谢，并带来幸福。反之，则会心生怨气。稻盛先生讲过"公司不断发展壮大，这是因为员工、客户、供应商以及社会各方面的大力支持，因此自然生出感谢之心。在由衷的感谢中，幸福感油然而生"。他甚至感谢松下公司的苛刻要求，给予京瓷能力上的锻炼。

总结感谢之心与幸福的关系，先生说："我发自内心地感觉到，持续保持'感谢每一件细微的小事''活着就要感谢'之心，给我带来了幸福的人生。"

（3）谦虚反省的平安感

分析稻盛先生"反省带来幸福"的底层逻辑，主要是指通过反省确保"谦虚"不出偏、不出离，亦即"谦虚地反省"并"反省自己是否谦虚"，讲的也就是"唯谦受福"。京瓷成功上市，稻盛先生曾一度将其归功于自己的技术、自己的努力和自己的才能。这种傲慢念头很快就被先生觉察并立即反省，并特别觉悟到才能是上天所赐，本该用来为公，而不能将其私有化。看到周围那么多成功企业家因傲慢而堕落，想到自己因反省而幸免、幸运，进而感到幸福。

以上是稻盛先生讲述的三项幸福观。

2. 经营者的幸福

经营者的幸福表述为——完成"守护公司、守护员工、守护社会"善行之喜悦感。稻盛先生始终认为"人类最高尚的行为就是为世人、为社会做贡献"，并终身践行。伴随着巨大的付出，他也收获了超乎常人的巨大的幸福。

2007 年 7 月 5 日，在天津中日经营者交流论坛上，稻盛先生引用英国哲学家詹姆斯·艾伦关于牺牲与成功的论述，并讲道：

年轻时代，谁不想玩乐？但为了做出榜样，我个人不得不做出自我牺牲。可是，我既然当了经营者，为了使京瓷成长发展，付出这些代价理所当然。读到詹姆斯·艾伦这番话，我获得了安慰，同时我再次深刻地感到"京瓷之所以发展到今天这样的规模，作为经营者，我付出了自我牺牲，以我的牺牲为代价，企业得到了顺利发展"。对我来说，这才是至高无上的幸福，这也是经营者最大的光荣。[5]

（二）工作的幸福

下面补充一个伟大的幸福观。

1937 年创立的日本理化学工业，生产无尘粉笔。1960 年，大山泰弘社长基于工作带来幸福的理念，应青鸟特别支援学校教师请求，始创收留智障人士工作制度，为他们提供自食其力的机会。该公司建立残疾人雇佣制度，是为了推广"工作的幸福"。[6]其现任社长大山隆久是盛和塾塾生。作者 2019 年随盛和塾代表团参访该公司时，84 名员工中有 62 名身心障碍者。日本理化学工业的大义善举，深受日本政府及社会各界赞誉，被视为"永续光辉的企业"[7]

在其川崎工厂的前院，我见到"工作幸福之像"，基座上的铭文写道：

工作的幸福

导师教导我们，人类有四种终极幸福：

被爱，

被赞美，

对人有价值，

被需要。

通过工作可以获得被爱以外的三种幸福。

我认为通过工作连那份爱也能得到。

——理化学工业（前）社长大山泰弘

是的，工作或劳动，才能带来真正的幸福。2020年 11 月 24 日，在全国劳动模范和先进工作者表彰大会上，习近平总书记这样强调劳动者的光荣、劳动的价值。他指出："光荣属于劳动者，幸福属于劳动者"，"劳动是一切幸福的源泉"。[8]

第五章　稻盛工作哲学（上）

一、工作哲学总述

根据前述《京瓷哲学》三分法，本章开始梳理稻盛工作哲学。根据《京瓷哲学》目录体系，广义而言，第一章"度过美好人生"论述度过美好人生的原理原则，属于人生哲学，但却包含了大量的工作哲学。其底层逻辑是：有意义的人生是在工作中展开的，工作是人生的主要内容。换个角度分析则发现，其第 1 节"提高心性"和第 6 节"思考人生"属于"人生哲学"，而其第 2、3、4、5 节则属于"工作哲学"范畴。

在"伦理哲学"中，"工作伦理"是一个专门领域。作者也曾受邀为企事业单位职工讲授"稻盛工作哲学"课题。本书的阅读对象可以针对所有一线职工，所有劳动者。同时，本书连同《京瓷哲学》也可作为各类学校"劳动课"及"思品课"劳动观、工作观部分的辅助教材。

（一）工作哲学逻辑结构

工作哲学包含价值论与方法论，分别论述"为何工作"和"如何工作"的基本问题。为了便于理论梳理，可从四个方面去把握其逻辑结构：工作观、工作态度、工作心法、工作方法，见图5-1。

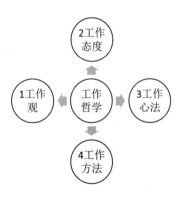

图5-1　工作哲学的逻辑结构

1. 劳动观 / 工作观

"劳动观"或"工作观",在伦理哲学中属于"工作伦理"范畴。稻盛先生指出:"工作能够磨炼人性、磨砺心志,工作就是人生最尊贵、最重要、最有价值的行为。"他进一步用一句简单的话来揭示工作的本质:"工作就是提高心志、磨炼人格的'修行'。"

稻盛先生曾与一位德国领事谈到劳动的意义,那位德国领事说:"劳动的意义,不仅在于追求业绩,更在于完善人的内心。"稻盛先生听了之后非常认可,并解读道:"这就是说全身心投入到当前自己该做的事情中去,聚精会神,精益求精,这样做就是在耕种自己的心田,可以造就自己深沉厚重的人格。"在这方面稻盛先生经常讲到的一位标杆式的人物,就是田间圣贤——二宫尊德先生。

2. 工作态度

《京瓷哲学》第一章的第 2、3、4、5 节主要对应了"方程式"的"热情"和"能力"。工作态度决定或包含了工作热情。而整个《京瓷哲学》中关于工作态度的条目比重最大,其中具有代表性的是"爱上工作""自我燃烧""成为旋涡的中心"系列。"爱上工作"才能"自我燃烧"，而"自我燃烧"者，自然就会"成为旋涡的中心"。工作态度的标志性条目，应该是"自我燃烧"，集中体现了"方程式"中"热情"的程度。工作态度是工作观的具体化和行为化。

3. 工作心法

稻盛工作哲学，基于天风哲学"身心统一法"及禅宗"心物一如"等心法，具有功夫的成分。其中代表性的条目是"以有意注意磨炼判断力"、"深思熟虑到看见结果"和"探究事物的本质"。后面将以"探究事物的本质"为例来介绍工作心法。

4. 工作方法

工作方法是具体的、科学的工作方式方法，代表性的内容有"在相扑台的中央发力"、"乐观构思、悲观计划、乐观实行"，比较直接，很容易理解。

（二）工作哲学实践结构

在辅导企业做哲学手册的过程中，针对中国企业当前的特点，为了便于实践，我对《京瓷哲学》中的工作哲学重新编目，形成哲学手册的工作哲学模板，很容易套用并迭代转化，见本书附录3。

下面仍按照《京瓷哲学》原书的篇章结构继续

解读。

二、精益求精

> ### （8）为伙伴尽力
> **内容提示**
>
> A "为伙伴尽力" 的内涵与意义；
> B "为伙伴尽力" 与阿米巴经营的关系。

（一）人性两面

本条第一段论述了人性的两面性。稻盛经营哲学的特色是"心本经营"，洞察人心人性的正负两极，从而在企业文化及管理机制上扬善抑恶，提升员工心灵品格境界。

1. 人性利己面　遇事首先考虑自身得失的利己心，对应"图 3–1 利己与利他共存的心灵结构"的"2–2本能、烦恼"中的"本能"。这是无法回避、不能否认的常人常态。在第三章关于心灵结构的讨论中，曾提到人的"本能—肉体—生存"的客观存在，使得利己无法避免。

2. 人性的利他面 把"为他人做贡献、为他人带去欢乐"作为人生最高幸福的利他之心，对应"图3–1 利己与利他共存的心灵结构"的"2–1 良心、理性"。

稻盛先生指出："在人们的行为中，最值得敬佩和最为美好的便是利他行为"，而企业经营的制度设计，尤其是"分部门核算制度"（阿米巴经营），就是基于并激励这种利他行为。

（二）"为伙伴尽力"是阿米巴的哲学保障

从运营效益而言，阿米巴设立的目的是，通过每个部门的"销售最大化、费用最小化"，来求得整个公司的"销售最大化、费用最小化"，即公司层面的利润最大化，表达为利润函数 $P_{Max}=f(S_{Max}, E_{Min})$。然而，由于阿米巴"自己的饭钱自己挣"，利己现象的客观存在，公司总体的利润函数和每个阿米巴的利润函数的内在逻辑并非完全一致。

如果每个阿米巴不顾大局，只追求自己的利润函数最大值，就会产生内耗，最终无法达成公司总体利润函数最大值。因此，为了协调个体之间及其与总体的矛盾，就需要"为伙伴尽力"这一条哲学。所以，稻盛先生在解读本条时指出："'为伙伴而工作'是阿米巴经营的真髓。"

在此意义上，稻盛先生总结道："所谓阿米巴经营，就是要以哲学为基础，正确解决部门间利害对立问题，从而同时追求个体和整体的利益。"所以，阿米巴利润函数应该增加一个哲学变量 Ph，表达为：$P_{Max}=f(Ph, S_{Max}, E_{Min})$。而"为伙伴尽力"则是支撑阿米巴经营的一个关键哲学条目。

作为哲学的落地，京瓷设计了与阿米巴经营配套的人事考评与薪酬制度——资格等级工资制[1]。其特点是，部门及个人的业绩和收入并不直接挂钩，即不是短期的、100%的挂钩，以免赤裸裸的绩效主义。

京瓷实施"以大家族主义开展经营"的同时，为避免大家族主义的娇惯，稻盛先生提出了"贯彻实力主义"，在收入上，通过资格等级制度，能力、业绩也纳入评价并得以体现，资格等级一年评价一次。哲学、业绩、能力三个要素都有一定权重。[2]所以，基于对人性的全面把握，阿米巴业绩与收入的挂钩，采取了间接（长期、按比例）的挂钩方式。这是一种平衡，并具有哲学意义。不直接挂钩是为了营造利他心、鼓励为伙伴尽力。间接挂钩鼓励为企业做出贡献的高业绩行为。

（9）构筑信赖关系

内容提示

A "信赖关系"的内涵与意义；

B "酒话会"在构筑信赖关系上的作用。

（一）"以心为本的经营"之要领

做《哲学手册》，阐释"以心为本的经营"时，总会有一个偏差，把"心"做字面理解，解读为"如何赢得人心"。本条第一段则指出作为京瓷经营基础的"心"之含义——"同事之间心心相连的密切关系"，进而描述了其展开情形——员工彼此间怀着感激和诚意，在互相信赖的基础上开展工作。注意，此"心本经营"的"心"，不是单个的"心"，而是"心心相连的密切关系"。因此，学习本条时，要参照（51）"以心为本的经营"。

总之，作为经营基础的是"心心相连的信赖关系"。而本条，则重点讲述如何通过"沟通"来构筑这个"信赖关系"。

（二）"信赖关系"的构筑原理与方法

本条涉及"公共关系学"的核心概念——沟通。而"沟通"又分为"内部沟通"（主要对员工）和"外部沟通"（主要对客户）。而内部沟通又可分为"工作中信息主导型——正式沟通"和"工作外情感主导型——非正式沟通"。作为以加强关系纽带为目的的沟通方式，就是"非正式沟通"，并满足四大原则：

①理解原则；

②双向原则；

③情感原则；

④趣味原则。

无论是内部沟通还是外部沟通，相互理解（mutual understanding）是核心，正如稻盛先生指出的："彼此之间相互了解，既是人际关系的起点，也是人际关系的终点。"而沟通，必须是双向的，你来我往的交流，是"交互性"的。在"传播学"

（COMMUNICATION）上，有个著名的亚里士多德定理："诉诸情感，胜过诉诸理智。"非正式沟通的手段或方式是借助"情感"。"非正式沟通"不能是在办公室呆板的交谈，而应该具有趣味性。稻盛先生倡导的"酒话会"（空巴），完美地符合了这四个原则，是最恰当的强化人际关系的沟通方式。

（三）"信赖关系"的作用

本条提到了信赖关系的两个作用，即只要有信赖关系做基础：

①相互之间就可以坦诚交流，说出真实的想法；

②这样一来，问题就会一目了然，工作就会顺利进展。

就逻辑而言，本条可放在第二章"经营要诀"。这是因为，"精益求精"的工作哲学，其主体是员工个人，而"构筑信赖关系"，则是立足于公司，是由经营层考虑并实施的经营要诀。

（10）贯彻完美主义

内容提示

A "完美主义"的内涵与意义；

B "橡皮擦态度"的含义与危害；

C "完美主义"践行要领。

（一）完美与否的分界点

本条涉及日常工作中的常态，做到90%就觉得已经不错，"差不多就行了"，于是停止努力。这种欠10%而止的"差不多态度"是完美之敌。稻盛先生进而言之，在销售和生产上，如果放松了最后1%的努力，就可能功亏一篑，而失去订单或造出不良品。总之，完美与否的分界点，就在于剩余的10%或1%是否全力以赴、慎终如始、精益求精。完美即无缺、无欠、零缺陷，对此执着追求，也是匠人精神的精髓。

（二）"橡皮擦"态度

"写错了，用橡皮擦掉就行！"这是本条提出的一种工作态度，可名之为"橡皮擦"态度，可定义为："没有追求完美的信念和愿望，并为误差或错误预设后路的工作态度。""心不唤物，物不至"，不追求完美、为失误留后路，就不可能有满意的结果。稻盛先生极力反对"橡皮擦"态度的一个重要原因，便是精密陶瓷制品的工艺的不可逆性，只要有一点瑕疵，就无法补救，会全部作废。

（11）认真努力，埋头苦干

内容提示

A 基于工作的幸福观；

B "认真工作"的含义；

C "认真努力"的效果；

D "名家达人"的境界。

（一）"认真工作"的两大要点

"认真工作"即是在工作中"认真努力"，亦即"全身心投入某项工作的态度"。综合本条及稻盛先生的解读，"认真工作"有两大要点：

1.勤奋

勤奋，修行般的"精进"，即"付出不亚于任何人的努力"。而勤奋的反面，则是好逸恶劳、得过且过、敷衍应付，简称懒惰。而懒惰属于"贪欲"，是"三毒"之一，在《西游记》中，以猪八戒为喻，贪图安逸，会使人堕落。

稻盛先生从"精进"的角度解读"认真努力"，并为工作赋予了更高的意义——通过认真努力工作，"提高心性、完善心性、美化心灵"。这里讲的是高层次的工作目的，是一种工作观或劳动观，可表述为"工作的目的是提高心性、完善心性、美化心灵"。关于劳动观，请参阅第二章"铃木正三"部分的相关内容。

2. 对工作始终抱有诚实的态度

对待工作的诚实态度底线为：不作假、不敷衍、不作秀，按规定与规则正确地完成工作。诚实工作的代表人物，则是稻盛先生屡次提及的二宫尊德。前已述及，二宫尊德"八字报德心法"有"至诚、勤劳、分度、推让"。其"至诚"与"勤劳"恰好对应了"认真工作"的两大要点。"至诚"是诚实的最高境界，是认真工作的极致。至诚则无事不办，至诚能感动上天。而二宫尊德则是稻盛先生屡次提及的典范。

（二）"认真努力"的效果

稻盛先生谈到的"认真努力"有多种好处，梳理如下：

①"认真努力"可以高质量完成工作，并得到相应报酬及赞赏；

②"认真努力"可以磨砺并完善人格、提高心性、美化心灵；

③"认真努力"可以带来幸福感和富足感，并成为"名家达人"。

（三）名家达人的境界

稻盛先生解读本条时，对"名家达人"的论述，属于工匠精神范畴。据此可以梳理出名家达人的本质标准与职业风范。名家达人的本质标准，是两个高境界——专业水准高超、心灵精神崇高。这两项缺一不可。近期央视报道的"大国工匠"，无一不具备这"两高"特质。其职业风范，是在产品中，融入心灵，生产出感动人心的精美作品。名家达人是把产品升华为"作品"，同时提高产品的附加值。

（四）工匠精神

通过学习本条，并研究我国的劳模、大国工匠事迹，可以归纳出工匠精神的七个要素：

①一生一业；②安分淡然；③埋头苦干；④乐在其中；⑤不断改进；⑥融入生命；⑦臻于极致。

（12）脚踏实地，坚持不懈

内容提示

A 积累平凡工作的意义；

B 超越"单调乏味"。

（一）现实与梦想之桥：简单乏味地工作

本条的主旨就是对平凡工作的长期坚持与改进。松下先生曾经以烤甘薯的小生意为例，强调对于平凡小事的每天反省、改进的必要性，并指出"这件事乍看之下非常平凡。但是这种再平凡不过的事情，要持之以恒，却需要相当的锻炼。世人常说'平凡通非凡'。所谓'非凡'，其实是对平凡的事情，能够平凡凡地积累起经验，所得的结果。"[3]松下先生本人及其公司的发展，就是"平凡通非凡"的典范。

所谓"非凡"就是远大理想或重大成就，它来自

"平凡"工作的持续积累。2019 年 9 月 29 日习近平总书记在国家勋章和国家荣誉称号颁授仪式上指出："英雄模范们用行动再次证明，伟大出自平凡，平凡造就伟大。只要有坚定的理想信念、不懈的奋斗精神，脚踏实地把每件平凡的事做好，一切平凡的人都可以获得不平凡的人生，一切平凡的工作都可以创造不平凡的成就。"[4]

（二）创意精神克服单调乏味

稻盛先生在解读本条时，指出了克服单调重复工作所带来厌倦感的方法，那就是"创意精神"。通过创意，让单调的工作有变化并取得好结果。记得北京果多美水果连锁超市的职工，曾在店面店面促销中采取了相声化之类的艺术形式，使得工作趣味盎然。回顾自己同样一门课，二十多年，年复一年，但每个假期都期待开学上课，激情不退，就在于加大力度重新备课、修改课件内容，因而有了变化感、新奇感。用创意精神克服单调乏味，各行各业都可如此实践。

（13）自我燃烧

内容提示

A "自我燃烧" 的特征；

B "自我燃烧" 的条件；

C "自燃型团队" 的特征；

D "自燃型" 人才的培养。

（一）员工热情的分类

可以用 "燃烧度" 定义员工的热情程度即 "热情度"，对应 "方程式" 第二项（努力或热情）数值区间 [0,100] 分，进行定量评价。不燃型，可视具体情况打分 [0, 60) 分，属于不及格。可燃型又可分为下上两个档次，对应分值 [60, 70) 分及格、[70, 80) 分中等。自燃型分为下上两个档次，对应分值 [80, 90) 分良好、[90, 100] 分优秀。详见表 5-1。企业可参考该表，结合自身行业及企业特点修改调整 "行为描述" 或调整分值档次，制定出自己的工作热情评价表。员工的热情程度，关乎个人、团队和企业工作的结果。

表 5-1　工作热情评价表

行为描述	燃烧度（分）
不燃型：点不燃、推不动，无精打采、工作时热情度冷若冰霜或不温不火，被动应付、半推半就。	［0，60）不及格
可燃型下：不主动承担或自发开展工作，但接受指令后，能以勉强的热情度展开工作。	［60，70）及格
可燃型上：不主动承担或自发展开工作，但接受指令后，能以尚可的热情推动工作。	［70，80）中等
自燃型下：对本职工作能够提前谋划、提前准备并建言献策；对上级指令积极接受、迅速反应，积极呼应并配合同事的工作牵头；工作中斗志高昂。	［80，90）良好
自燃型上：具有强烈的使命感和主人翁责任感，主动担当、牵头发起、自发开展工作，成为旋涡的中心和团队灵魂人物，具有燃烧的斗魂。	［90，100］优秀

（二）界定自燃型团队

本条以棒球队来形容自燃型团队。体育运动视角进入管理学研究领域，丰富了管理学理论，如"团队"（Team）、"教练式领导力"（Coaching Leadership）概念。于是据此可梳理出"自燃型团队"的描述型定义：员工发自内心热爱工作、心怀目标、齐心协力、满腔热情投入工作。从他们的身影，能感受到公司未来的希望和蓬勃的活力。

（三）自燃条件

本条第三段论述了自我燃烧的条件："热爱工作＋明确目标"。这正如火箭发射，需要"动力＋方向"。本条的例子，"热爱棒球"是动力，"进军甲子园比赛"是方向。

（四）自我燃烧与主动超前

"自我燃烧"的概念对应史蒂芬·柯维《高效能人士的七个习惯》的第一项——主动超前（Be Proactive），而非"被动反应"（Reactive）。科维指出："人性的本质是主动而非被动的，人类不仅能针对特定环境选择回应方式，更能主动创造有利的环境。"史蒂芬·柯维深受马斯洛影响，倡导在企业管理中鼓励人性的积极面——主动性。

（五）"自燃型"人才的培养

在解读本条时，稻盛先生提出了"自燃型"人才的培养方法。他谈到两套方案。其一，选择性格上争强好胜、积极乐观的人，并使其爱上工作；其二，培养认真老实的人，并让他们肩负责任并激发其使命感。先生认为："能否把员工培养成自燃型人，是左右企业经营发展的关键所在。"

（14）爱上工作

内容提示

A "爱上工作" 的意义；

B "爱上工作" 的方法。

（一）本条内在逻辑

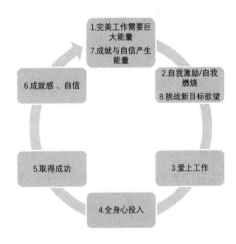

图 5-2 "爱上工作" 的内在逻辑

本条内在逻辑如图 5-2 所示：①要把工作做得完美，需要巨大的能量；②该能量来自自我激励 / 自我燃烧；③自我燃烧的最好办法是"爱上工作"；④爱上工作，就会全身心投入；⑤"全身心投入"就能取得成功；⑥成功就会产生"成就感和自信"；⑦成就感和自信，会产生能量，并强化完成工作所需要的能量；⑧该"成就感和自信"所产生的能量，会强化自我激励 / 自我燃烧，并产生挑战新目标的欲望。同时，会进一步"爱上工作"，并产生良性循环。

（二）"喜欢—投入"循环

关于"喜欢—投入"的关系再补充稻盛先生在《活法》中的论述：

"喜欢"和"投入"是硬币的正反两面，两者之间是因果循环的关系：因为喜欢就会投入工作；在投入工作的过程中就会产生喜欢……不管什么工作，只要拼命投入就会产生成果，从中会产生快乐和兴趣。一旦有了兴趣，就会来干劲，又会产生好的结果。在这种良性循环过程中，不知不觉你就喜欢上了自己的工作。

于是，可以归纳出一个"喜欢—投入"良性循环图，见图5-3。此图可从"喜欢"开始，ABCD循环一圈产生出"更喜欢"。也可以从"投入"开始，经由多次BCD循环，最终进入BCDA循环。由"投入"而最终产生"喜欢"，是稻盛先生在松风工业的亲身经历。"喜欢"即本条"爱上工作"。

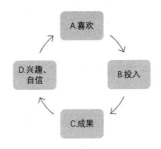

图5-3　"喜欢—投入"良性循环图

（15）探究事物的本质

内容提示

A "探究事物的本质"的深层内涵；

B "探究事物的本质"的实践心法。

本条底层逻辑

本条所谓"探究事物的本质",并非仅仅依靠常规科学理性,而有其深刻的心学内涵。本条字面含义背后,有其底层逻辑,见图5-4。

图5-4 "探究事物的本质"之底层逻辑

"理解事物本质"的前提是"彻底究明一事一物"。问题是如何做到"彻底究明一事一物"?稻盛先生的做法可称为"一物三昧",亦即通过专注于一事一物,排除杂念,达到"三昧"(梵语 Samadhi)境界,即清净无染、一心不乱、摄心不散、定慧等持的心灵状态。此时"慧眼"打开,于是能够"观"或"照见"(即探究到)事物的真相、本质,也就是所谓"一通百通"。

理解本条的关键在于"一物三昧"与"慧眼打

开"，下面摘录稻盛先生的相关论述：

心纯见真

为了看破现象想要告诉我们的真理，那么映射出这种真理的我们心灵这面镜子必须纯粹透明。如果我们心存杂念，或者持有某种先入观念，那么就不可能如实接受现象想要告诉我们的真理。[5]

静心明心

要培养这种"化繁为简"的能力，就需要做到"禅定"。禅定即静心，倘若心境杂乱，自然无法把复杂的问题简单化（即"探究事物的本质"，作者注）。

反之，如坐禅般静心明心，便能以平常心看待事物，从而做到"真髓自见"，佛教称其为"打开心眼"（即慧眼，作者注）。[6]

一通百通

我说教的内容，并非专业学习所得。四十多年来，我只是一直在从事研究、制造和销售陶瓷制品以及经营公司而已。但我认为，只要探明一件事物的本质

（由此打开慧眼，作者注），就能做到万般皆通。[7]

（16）成为旋涡的中心
内容提示

A "旋涡中心"的形成原理；

B "旋涡中心"的实践方法；

C 旋涡文化。

（一）工作旋涡原理

为辅助读者理解本条内容，将其内容梳理为"条件"、"过程"和"结果"，并形成所谓"工作旋涡"原理，详见图5-5。

条件
- 自己必须是"自燃型"，而周围同事至少是可燃型。
- 假如周围人都是不燃型，则无人相应，在冰块里无法卷起旋涡。

过程
- 你自己首先主动积极地寻找并承担工作。
- 周围的人自然而然就会来协助你，你就能"在旋涡的中心工作"。

结果
- 上级、部下，以及周围人互相配合，齐心协力，工作就能做好。
- 自己处在旋涡中心，享受工作乐趣。

图5-5 "工作旋涡"原理

（二）"旋涡文化"

稻盛先生在解读本条时指出："不通过命令，而是通过提出的问题，使周围人自然而然地聚集起来，从而形成旋涡。任何一家公司都需要这样的企业文化。"此即"旋涡文化"，本条是针对普通员工的。稻盛先生"时常鼓励员工成为旋涡的中心"。旋涡中心人物的领导力，不是"职务领导力"，而是"非职务领导力"，是基于人格感召力及业务水平带来的。旋涡中心人物在北京果多美，被称为门店"灵魂人物"，对团队的活力和门店效益作用显著。

旋涡文化建设的关键，是倡导和建立主动"担当"的价值观或工作作风。担当的人、主动的人多了，旋涡就多了。在工作中，要引导、指导并鼓励大家在不同领域成为旋涡的中心，如餐饮企业的菜品创新、服务改善、环境美化等领域。在人事考评机制上，可在晋升、薪酬中设置相应的考核指标。

（17）率先垂范

内容提示

A "率先垂范"的领导力内涵；

B "率先垂范"的实践方法。

（一）"率先垂范"的领导力内涵

本条主旨很容易从字面上被理解为"模范带头、做榜样"，而本质上是在论述"领导风格"，属于"领导力"范畴。本条针对的是各级领导干部，从社长、部长到科长等。同时，也倡导所有人都参与营造率先垂范的风气。在解读本条时，稻盛先生提及两类领导风格，"坐镇后方型"和"亲临一线型"，并指出其各有利弊。他自己则倡导"亲临一线型"领导风格及其"身先士卒、吃苦在前的勇气"。

"率先垂范"是先生本人的领导风格和工作方式。在日航重建的过程中，"率先垂范"贯穿始终。他在服务、维修、经营会议等所有生产经营一线：了解情况、指导工作、传递哲学、改变风气、沟通情感、鼓舞士气、直面并解决异议与抱怨。曹岫云老师在谈及日航重建成功问题时指出："领导者率先垂范，他创造和倡导的经营哲学和管理体制才能大显身手。"

"率先垂范"的领导风格可定义为："深入一线、注入灵魂、掌握一线实况并决策指挥：带着大家干、做给大家看、教给大家做。"

（二）微观与宏观

在微观与宏观的辩证关系上，实干家出身的稻盛先生，更重视微观的基础作用，并视之为"主要矛盾"。"微观"就是现场的实际情况。他认为干部在工作中"不知微观不足以论宏观"[8]。在"会计七原则"的"贯彻完美主义"一章中，先生对"微观与宏观"做了如下相关论述：

为了承担如此重大的职责，企业经营者不但要在宏观上充分明白整个公司的状况，而且要在微观上了解部下所做的工作。否则就谈不上完美。甚至在部下休假时，自己也能代替他工作。做不到这种程度，就没有资格当真正的"长"……作为企业领导人，如果真想按照自己的意志去经营企业，那么就必须频繁地出入现场，感受现场的气氛，了解现场的情况。不从现场出发，所谓的帝王学就没有用武之地。不仅要明白宏观，而且要了解微观。这样，经营企业才会胸有成竹，游刃有余。

（18）把自己逼入绝境

内容提示

A "把自己逼入绝境"的含义；

B "把自己逼入绝境"的实践方法。

（一）"自逼绝境"

"绝境"有"被迫进入"和"主动自逼"，而稻盛先生则故意主动自逼绝境，挑战困难。"绝境"就是无路可退的高难度任务及精神状态。先生自逼绝境的典型事例，就是所谓"撒谎得订单"，在技术、设备等现有能力不具备的条件下，敢于取得订单，并在绝境中发展技术、匹配设备、提高能力，最终完成订单。

（二）"自逼绝境效应"

根据稻盛先生的亲身经历及对本条的解读，可归纳出一个"自逼绝境效应"，见图5-6。所谓"绝境"又指经过全力以赴的拼搏，所达到的一种身心极限状态。在此极限状态下：杂念消失、心境清澈，于是产生效应——"灵光闪现""得到神灵的启示""神灵出手相助""美妙的创意和灵感产生""肉体也能够产生巨大能量"，最终完成超常艰难的目标或任务。

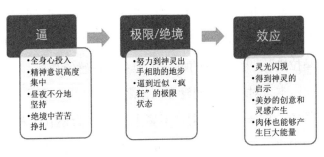

图 5-6 自逼绝境效应示意

（19）在相扑台中央发力

内容提示

A "在相扑台中央发力"的含义；

B "在相扑台中央发力"的实践方法。

（一）"在相扑台中央发力"的含义

本条标题也是主旨，用了比喻的修辞手法。"相扑台中央"比喻"时间余裕"。比如，本书2月28日交稿，那么今天，1月31日，就是相扑台中央，2月28日就是"相扑台边缘"。明天，虽说广义上也是中央，但已经走近边缘一天了。"在相扑台中央发力"即，一开始就全力以赴，亦即稻盛先生所谓"以百米速度跑马拉松"，是一种只争朝夕，具备危机感的心态。

本条对应了时间管理四象限理论中的"重要，不紧急"的事项。所谓"不紧急"是因为还在"相扑台中央"，"尚有余裕"。而本条的精神却是要把"不紧急"视为"紧急"，在"尚有余裕"时，就要全力以赴。

（二）设置"安全阀"

本条提出"安全阀"的设置，即"把完成日期设定在交货期之前的若干天"。即使发生不可预见的意外干扰，也能从容采取应对措施。这个提前量，先生称为"安全阀"，也就是缩减相扑台直径。这个提前量，就是上保险。正如提前动身去机场、避免可能的堵车。即使后来没有发生堵车，也照样认为应该提前。

（三）关于"拖延症"

临时抱佛脚、不到期限不行动的拖延心理和习惯，也就是"在相扑台边缘发力"，是践行本条的大敌。为此，我们必须识别并克服自己可能存在的"拖延症"。

对于难逃拖延症的一般人而言，需要努力成为自燃型人，并养成主动超前的习惯，才能做到"在相扑台中央发力"。

（20）直言相谏

A "直言相谏"的概念；

B "直言相谏"的必要性。

（一）"直言相谏"的概念

所谓"直言相谏"，是以为了大家共同的发展进步为基础、以正确推进和完成工作为目的，在工作中发现缺点和问题时，说实话、讲真话，开诚布公地向相关人员直接指出的沟通行为。

（二）有效的"直言相谏"

人们之所以不愿意"直言相谏"，是因为如此行动之后，对方不接受并招致忌恨，影响人际关系。戴尔·卡耐基研究的"人性的弱点"表明，人们惧怕和抵制批评，尤其是直接和不讲方式的批评。因此，在企业中有效的直言相谏需要如下条件和要领。

1. 建立"受谏文化"

建设谏言文化，要从受谏文化开始。乐于接受直言相谏，才能打消顾虑并鼓励直言相谏。对于领导者，尤其如此。乐于接受直言相谏，比给对别人直言相谏更难。乐于接受直言相谏，需要谦虚和坦诚的心，即"必须始终保持谦虚之心"和"拥有坦诚之心"。这两条哲学的落地，是"受谏文化"的保障。

在跨文化企业管理研究领域，总是分别以"人情中心"和"事情中心"来概括东西方不同的文化特征。为此需要借鉴西方的合理主义或理性主义，将人和事分开，减少人情对工作的干扰。

2. 必要时讲究谏言方式

阳明先生在《教条示龙场诸生》里提到的"责善"属于"婉言相谏"，可作参考："责善，朋友之道，然须忠告而善道之。悉（尽）其忠爱，致其婉曲，使彼闻之而可从，绎（推究）之而可改，有所感而无所怒，乃为善耳。"

由此可知，我们对同事"责善"，或者说"直言相谏"也是需要方式方法的。

如果激怒别人，不仅达不到劝谏的效果，还容易遭到抵触。有些公司的《哲学手册》在对"直言相谏"的阐释中提到"良药不苦口、直言不伤人"。北京果多美水果连锁超市的《哲学手册》，则将这条转化为："有话直说、有话好好说"。

"谏言"属于"批评"的范畴，是管理沟通的必要形式。要注意批评与指责的区别。批评是"为了解决问题而展开的诚恳交流，是一种合作性、建设性沟通行为"。而指责则是"情绪化发泄，是一种破坏性沟通行为，发音用肺，有如吵架"。稻盛先生提到的"抓住彼此缺点不放、互相扯皮抬杠"，则属于指责。当然，必要时，以利他心，带着爱，直言相谏严厉些也无妨。

3. 信赖关系

信赖关系是直言相谏的基础，而有效的直言相谏，又会强化信赖关系，并形成良性循环。

4. 戒除私心

人们不愿意"直言相谏"，基本上是出于自我保护的本能，是利己的私心在作怪，（49）"小善乃大恶"中的"乡愿""企愿"即是如此。正如稻盛先生所言，"直言相谏必须以'为了大家共同的发展进步'为基础"，发心是爱、是出自公心。正如先生确立了"为员工物心幸福"的大义名分之后，完全抛弃了个人利益，一下子轻松了，也可以毫无顾忌地要求和批评员工了。同时被稻盛先生批评者，也都能认真接受批评，并珍惜一生。

（21）戒除私心才能正确判断

内容提示

A "戒除私心"与"正确判断"的关系；

B "经营判断"中的"戒除私心"；

C "团队表现"中的"戒除私心"。

（一）经营判断

（25）"以利他之心作为判断基准"从正面讲利他，而本条则从反面讲利他，讲私心、利己的弊端，从而告诫我们要戒除私心、抛弃利己，才能做出正确判断。

本条首先是针对"经营判断"。几乎所有盛和塾报告会的分享嘉宾，都会谈到其学习稻盛哲学前后，私心、利己与利他的对比及前后变化。

广州市莱克斯顿服饰有限公司董事长温汉清先生在 2018 年稻盛经营学企业践行成果巡讲会上，回顾了以往事业成败起伏背后隐含的哲学作用，恰好印证了本条。他曾形容其 2005 至 2015 年是失去的十年。他回顾当时想到的，是自己有更多的资源、有钱，有更多的人脉，要去做更大的事业；创立新品牌就是基于自己的欲望和利己之心，没有利他之心。当时很多店没有买卖，员工开始松散，士气低落，内耗也开始了，无论怎么努力都做不起来，自己筋疲力尽，新品牌的投资款刚好亏光。企业总体几乎停步不前，没有了突飞猛进的发展。而创业初期，他没有人脉，没有资源，只有一颗单纯的心——让妈妈不要辛苦、只为别人着想，不敢想自己，天天都想着要让供应商满意，让客人满意，让员工满意，但做起事情来却有如神助一般，做什么成什么。学习稻盛哲学后，他重拾初心，把"修己、感恩、利人"作为企业信念并坚定践行，团队士气高昂，业绩持续增长。

（二）团队情境

本条还特别强调了团队情境，并采取了反证法论述本条的意义："如果把对对方的关心和体谅抛在脑后，而把私字放在首位，那么就得不到周围人的帮助，工作也不可能顺利推进。而且，这样的想法，会使团队的道德衰退，活力减弱。"

这句话正过来说，就是建设团队的有效方法："公字当头，团队利益至上，对伙伴报以关怀和体谅之心。于是，就可以得到周围人的帮助，工作就可以顺利推进。大家都坚持这样做，就可以使团队道德提升、活力增强。"

本条对应了（8）"为伙伴尽力"，亦即"戒除私心"才能"为伙伴尽力"。此处"伙伴"，包括本部门和公司内其他部门团队的伙伴。尤其是实施阿米巴经营，"戒除私心才能正确判断"与"为伙伴尽力"的同时学习与践行，尤其重要。

（22）具备均衡的人格

内容提示

A "均衡人格"的含义；

B "理性"与"人情味"。

（一）关于"人格"

人格（personality），是心理学术语，也称"性格""个性"，来自拉丁文 Persõna，是面具的意思，是一个人稳定的思维、情绪、行为特点，用来研究或区分人与人之间的差异性。人格心理学是一个心理学分支。人格，有很多分类方法，如内向、外向，胆大、怯弱，卡特尔 16 人格、9 型人格等。对人格的测量也有很多工具。人格一词，作为心理学范畴时，不要与道德意义的人格混淆。稻盛哲学从企业管理的视角，主要将人格分为感性和理性、大胆和细心、温情和严厉等。

（二）"均衡人格"的含义

稻盛先生的哲学讨论，始终是在"道"的高层次上展开的。稻盛先生曾皈依"临济禅"，禅乃"不二法门"。从矛盾论角度而论，事物都是对立统一的，是"相反相成"的。《坛经·付嘱品》记述了慧能祖师向弟子传授禅宗方法论时讲道："忽有人问汝法。出语尽双，皆取对法。来去相因，究竟二法尽除，更无去处。……动与静对、清与浊对、凡与圣对……二道相因，生中道义。"两极兼备或均衡的人格，包含很多成对因素：雅俗、宽严、粗细（大胆与细心）……

先生在此结合企业工作，重点讲了"感性与理性"的均衡，及其在日常经营管理与领导力上的应用。

（23）实践重于知识

内容提示

A 实践的第一性；

B 知识的运用。

（一）直接经验出真知

在本条阐释中，稻盛先生以其陶瓷研发的亲历体验，提出了"实践第一性"的哲学命题："不管是向别人学到的知识，还是从书本上习得的知识，都没有亲身实践所获得的经验重要。"先生并未使用学术语言，而是以朴素的日常用语表达其哲学命题——"实践重于知识"。而毛泽东在《实践论》中，也提出了同样的哲学论断：

知识的问题是一个科学问题，来不得半点的虚伪和骄傲，决定地需要的倒是其反面——诚实和谦逊的态度。你要有知识，你就得参加变革现实的实践。你要知道梨子的滋味，你就得变革梨子，亲口吃一吃。你要知道原子的组织同性质，你就得实行物理学和化学的实验，变革原子的情况。你要知道革命的理论和方法，你就得参加革命。一切真知都是从直接经验发源的。[9]

（二）知识理论要用好

稻盛先生强调"实践重于知识"，但并不否认知识的作用。他认为，知识要在"实践第一性"的前提下运用，并指出："只有亲身体验，才能把知识理论用好、用活。如果一个人既有扎实的理论基础，又有丰富的实践经验，那正可谓'如虎添翼'。"进而，只有亲身体验,才能修改、发展,并创造知识理论。

我们在承认实践第一性的同时,不能轻视知识和理论。毛泽东认为,多数知识是间接经验,而那些具有科学性的知识是可靠的。下面是毛泽东在《实践论》中的相关论述:

一切真知都是从直接经验发源的。但人不能事事直接经验,事实上多数的知识都是间接经验的东西,这就是一切古代的和外域的知识。这些知识在古人在外人是直接经验的东西。如果在古人外人直接经验时是符合于列宁所说的条件"科学的抽象",是科学地反映了客观的事物,那么这些知识是可靠的,否则就是不可靠的。所以,一个人的知识,不外直接经验的和间接经验的两部分。而且在我为间接经验者,在人则仍为直接经验。[10]

(三)科学知识特点及理论

科学知识具备如下特点:

①普遍可靠性:可验证性、可重复性。

②客观性:不受主体态度,尤其是个人立场的

影响。

③数量化：伽利略将数学用于天文学而被称为"现代科学之父"。

④理论化：科学知识要系统化为理论。

而理论是用以解释和预测某一类现象的，连贯一致的一组成立的命题，是科学知识的体系化。稻盛经营学本身就是知识、理论。

4. 感性—理性认识辩证统一

在认识论上存在两个极端，"经验论"和"唯理论"。"经验论"重经验轻理性，"唯理论"重理性轻经验。而毛泽东则强调理性认识与感性认识二者的辩证统一：

认识过程中两个阶段的特性在低级阶段，认识表现为感性的，在高级阶段，认识表现为论理的。感性和理性二者的性质不同，但又不是互相分离的，它们在实践的基础上统一起来了。我们的实践证明感觉到了的东西，我们不能立刻理解它，只有理解了的东西才更深刻地感觉它。感觉只解决现象问题，理论才解决本质问题。[11]

毛泽东还特别强调了"理性认识依赖于感性认识"及"认识的感性阶段有待于发展到理性阶段"。[12]包含理性与感性的认识活动，要在实践的基础上，"实践、认识、再实践、再认识"不断提升，以更加体现客观规律。而稻盛先生的著作《稻盛和夫的实学：经营与会计》《阿米巴经营》《京瓷哲学》等，都是感性认识与理性认识在反复实践基础上的升华与结晶。

（24）要不断从事创造性工作

内容提示

A"改善改进"的意义；

B"改善改进"的实践。

（一）要点与逻辑

本条论述了我们应有的工作状态——在努力的同时，不断改善改进。这也是成就匠人的必要条件。为此，稻盛先生特别提醒我们"决不能漫不经心地重复与昨天相同的工作"，也就是说绝不可"原地重复"

地"应付"。应该做到每天改善改进、反复钻研，于是普通的工作就成了"创造性的工作"。这样的状态或过程的持续重复，就能带来巨大的进步。其逻辑关系，见图5-7。

图5-7　本条逻辑关系示意图

（二）改善式创新

创新共有四种形式：第一，原创或独创；第二，集成式；第三，引进消化吸收再创新／模仿；第四，改善。与（33）"成为开拓者"和（60）"重视独创性"不同，本条强调"不断改善改进"，侧重"改善式"创新的持续积累。

"改善思想之父"今井正明指出："改善，Kaizen（日语发音），英语中使用的是日语的专属名词，由我在《改善——日本企业成功的关键》一书中提出，指微小地、逐渐地、连续地增加改善。改善应该是每一天的进步，真正的改善意味着完成一项改善之后，马上着手进行第二项改善工作。改善意味着长期工作、持久工作而且没有终点。"[13]

改善式创新与独创，即狭义的创新，有很多不同，今井正明在其《改善》一书中做了对比，详见表 5-2。

表 5-2　改善与独创的区别

	改善	独创
效果	长远的、持续的、平和的	短期、剧烈
步伐	小步伐	大跨步
时间框架	连续的、积累的	断断续续、非累积的
改变	渐变的、连贯的	突然的、不稳定的
涉及人员	每个人	精挑细选的少数精英
方式	集体主义、团体努力、系统方式	严格的个人主义、个人想法和努力
模式	维护和改进	废弃与重建（创造性破坏）
动因	传统的行业知识和技术	技术创新、新发明、新理论
实际需求	投入少、维护成本高	投入多、维护成本低
努力方向	人	技术
评价标准	为得到更好的结果，而付出努力的过程	实现利润的结果
优势	对慢速增长的经济有效	更适合快速增长的经济

资料来源：今井正明：《改善》，周亮等译，机械工业出版社 2017 年版，第 23 页。

第六章　稻盛工作哲学（下）

一、做出正确判断

（25）把利他之心作为判断基准

内容提示

A 基于人性自私本能的判断；

B 预设"理性程序"；

C 以利他之心做判断的好处。

本条条文及稻盛先生的解读是对（21）"戒除私

心才能正确判断"的重复与深化，并强调了两条共同的要点：

（一）基于人性自私本能的判断

对应前述图 3-2 "心灵结构"，其由内而外的第三层就是"本能"，以"利己"、"自私"为特征。人因为有肉体，利己、自私属于本能的自我保护和追求享乐。所以，遇到事情的常态判断，便是基于本能。因此必须预设"理性程序"。

（二）预设"理性程序"/缓冲期

稻盛先生在解读本条和"戒除私心才能正确判断"都提到了克服本能判断的方法，设置缓冲期："且慢——深呼吸——稻盛先生说过'以利他之心作为判断基准'。"此时，心灵结构最外层的"知性"即"理性"在发挥作用，它可以抑制本能、唤醒真我。所以，先生也称之为"理性程序"。

（三）以利他之心做判断的好处

本条归纳了以利他之心做判断的两点好处：

1. 因为是"为他人好"，所以能够获得周围人的帮助

不仅如此，利他者还可以得到自己想要的或未曾

期待的利益。戴尔·卡耐基通过对人性的研究，对读者发出忠告："世界上充满这类人：贪婪、奢求。因此少数不自私而存心帮助别人的人，就会有很大收获。他们没有竞争者。"[1]

深圳市峰汇珠宝首饰有限公司以"利用户"之心研发和制造产品，要求研发要考虑用户的佩戴舒适性、方便性、安全性，应有成本意识，尽量做到不给消费者在价格上增加负担，并以工匠精神缔造完美品质。结果产品长期品质稳定，质量问题极少，产品长期受消费者喜爱。有一款产品一年50万件退货率几乎为零。

2. 因为视野开阔，所以就能做出正确的判断

根据稻盛先生对本条的解读，"利己"是低层次的判断基准，拘泥于狭隘的自我利益，就会"一叶障目，不见森林"并执迷不悟。而拥有利他之心的高层次判断基准时，就会"心明眼亮"，看到问题、危险或陷阱，从而能避免问题发生。比如稻盛先生曾拒绝投资楼市的诱劝，避免了后来发生的崩盘损失。

（26）大胆与细心兼备

内容提示

A 工作中"大胆"的必要性；

B 工作中"细心"的必要性；

C "大胆与细心兼备"的必要性。

（一）工作决策性格

本条属于"具备均衡的人格"的范畴，但侧重"大胆与心细"的均衡。对应本节标题"做出正确的判断"，讲的是"工作决策性格"。各行各业的工作要想做好，都需要"大胆与细心兼备"。比如：驾驶汽车，超车、避让，该大胆时必须大胆果断，同时还要心细；厨师炒菜的加盐、控温，中药配伍的寒热、补泄，同样需要大胆心细兼备。2022年北京冬奥会开幕式的导演指挥工作，创意大胆、细节精细，结果完美。的确是"大胆能够使工作有所突破和创新，细心可以避免失误"。

稻盛先生在解读本条时，重点讲了企业家的决策乃至领导力性格两极兼备的必要性。

（二）知人善任与自知完善

"大胆与细心兼备"的人才，毕竟是少数。其培养也需要时间，而且性格具有先天性，改变起来有一定难度。所以，在这方面需要识别人的特点并合理配置工作。同时，每个人也需要自我识别，并向具备均衡的人格方向，努力完善自身。根据胆大—胆小、心细—心粗，可以形成"胆量—心思"四象限坐标，见图6-1。

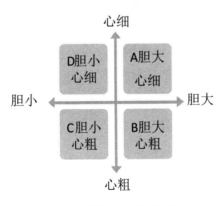

图6-1 "胆量—心思"四象限

ABCD四象限，A胆大心细，最佳。其他不均衡者，也各有其用场。比如，D胆小心细的人往往恪守规矩、照章办事，适合做那类细节较复杂的保管、秘书工作。B胆大心粗，适合冲锋陷阵、做开拓性工作。C胆小心粗，适于那些要求严守纪律规范的粗活儿。

（27）以"有意注意"磨炼判断力

内容提示

A"有意注意"的含义与意义；

B"以有意注意磨炼判断力"的实践方法。

"有意注意"原理补充

当年患有急性粟粒性肺结核病的中村三郎，曾经远赴美国、法国寻求救治之道。在由马赛港起航的无果归途中，他在开罗偶遇大师伽利阿帕，并被带到喜马拉雅山脉第三高峰干城章嘉峰山脚下瑜伽村修行瑜伽。他修证到了自身生命与宇宙的连通，开启了智慧、康复了身心，并成为哲人中村天风。他开创了"身心统一哲学医学"即"身心统一法"。他曾经接受的瑜伽训练，就包括"驾驭感觉的修行"（摄心）和"集中精神的修行"（凝神）。[2] 这便是"有意注意"的功夫渊源。

稻盛先生指出其"有意注意"的概念来自中村天风。通过日文相关文献研究，找到如下关键论述，作者对文献原标题有所修改：

1. 全神贯注，磨炼精神体格

无论何事，都能全神贯注扎进去做。显而易见，人的能力就是从非常平凡的心理状态开始，并逐步实现的。因此，不论多么微小的事情都应抱着毫不疏忽的心理状态去执行，一丝不苟地全身心投入进去，并抱着任何事都要成功达成的心意去切磋琢磨，要以此彻底磨炼精神体格。[3]

"全神贯注"就是注意力的集中，是一种需要训练的精神能力。它需要在平时细小的事情中去自我训练和培养。这种训练，可以强健人的精神筋骨或精神体格。

2. "有意注意"的培养与作用

对于任何事情，都要先从其中找出某种乐趣，然后再着手去干。即便是对于提不起任何兴趣的事物，也必须要努力养成以清晰意识应对的习惯。简而言之，在每一个行事之际，都应留意"决不无精打采地做事"。这便是所谓的"有意注意"。若是能将其习惯化，注意力的辐射范围便会自然而然地扩大，从而能同时将注意力毫不费力地转向多件事或是一件事的多个方面。换言之，无价值且不必要的消极观念不再会恣意盘踞于内心，扰乱有意注意力。

作为自然而然的结果，我们的联想力将准确起来、思绪的整理也将自然而然地巧妙起来。与此同时，记忆力也会变得颇为强大。究其原因，便是因为一旦面前的一切事物都在心中留下深刻印象，它们便会一个不漏地进入心中记忆的仓库内。因此，无论对于什么事情，都请像做自己喜欢的事情一样，全神贯注地去做。[4]

综上，事情无论大小、无论自己是否有兴趣，都提起精神，以清晰的意识投入工作，就是"有意注意"。对此长期坚持并形成习惯，记忆力、思维力以及觉知能力就会变得强大。这就是"以'有意注意'磨炼判断力"的底层逻辑。

至于"以'有意注意'磨炼判断力"的必要性及

具体方法，详见稻盛先生对本条的解读。

（28）贯彻公平竞争的精神

内容提示

A 规章制度的核心；

B 规章制度的精神与本质；

C 理想职场氛围；

D "检举违规舞弊"的必要性。

（一）公正守规

本条容易被字面化理解为"在公司内开展竞争"。所谓"遵循公平竞争的原则"，特指"规则意识"，其背后是"公平正义"（简称公正）。规则是为了维护公正。所以，稻盛先生对本条解释说："我所说的'公平竞争'是指公正。"而规章制度，如同体育比赛的规则，是为了维护"公正"的。

（二）规则文化

所谓规则文化，就是对规则的重视程度和执行力度。稻盛先生对本条解读时指出："对于不公正的现象及违规行为，要一律杜绝。对于规范，必须做到公司上下严格执行。"这是对规则文化的直接论述。实际上，京瓷公司有着强烈的"规则文化"。

（三）理想职场氛围

本条提出并界定了"理想职场氛围"命题——"始终充满活力，充满清爽的气氛"。而该氛围的保障，则是规章制度的制定及切实贯彻。为此，京瓷号召员工维护规则，监督并检举违规行为。作为《商业伦理守则》附属内容，很多国际大公司都设置了完善的违规举报制度和程序。

（29）注重公私分明

内容提示

A 公私分明的必要性；

B 公私分明的具体要求。

"注重公私分明"与"利益冲突"

企业的健康也有中西医之分，在企业品格方面，其西医可比喻为"商业伦理学"（Business Ethics，常译为"管理伦理学"），专讲在工商活动中作为员工、作为企业"何谓正确"。"商业伦理学"在国内外商学院都是一门重要的课程。借助该学科，可以将"注重公私分明""何谓正确"的课题系统化、制度化。

稻盛先生特别强调要严格守护公司的道德规范。而道德规范的载体，在商业伦理领域，就是公司的"商业伦理守则"，有其特定格式和内容。

二、达成新事业

（30）怀有渗透到潜意识的、强烈而持久的愿望

内容提示

A "强烈而持久的愿望"的作用；
B "潜意识"产生灵感的原理与作用。

（一）愿望必须强烈而持久才能实现

愿望的指向通常是完成一个高目标或一件高难度工作。其实现的可能性，取决于"愿力"。可以定义一个"愿力值"来表述本条主旨：

W（愿力值）=E（强度）×T（时间）

"愿力值"等于"愿望强度"乘以"愿望持续时间"。当"愿力值"足够大时，具体的愿望才能实现。稻盛先生认为"愿望强度"要达到"超出寻常的程度"。"愿望持续时间"，是由强烈愿望驱使之下的——昼夜时刻思考、透彻思考。稻盛先生在解读本条时指出："强烈而持久的愿望必将实现"。其原理有两点：

（1）心想事成。心不唤物、物不至。心具有足够强大的主观能动性。正如松下幸之助对"如何能实现水库式经营"的回答："你必须这么想"所传递的信息——如果你内心不予呼唤，方法不会来，成功也不会来。这是稻盛先生当时感悟到的。

（2）潜意识作用。"愿力值"足够大时，潜意识发挥作用，能够启动灵感解决难题。

（二）实践印证

深圳市观达眼镜有限公司何世语董事长曾有如下印证：

拉线机（变径机）是噪声特别大的设备。为了减少噪声实施了好几次改善措施，但是实用性不强。因此，天天都想怎样设计出能减少噪声又好用的方案。
有次睡觉梦中构思出既减少噪声又实用的结构。这时
很高兴突然醒来马上按梦中的构想画出草图，现在还
在使用。类似的事情还有"带材不锈钢开料送料机"
等都是在睡前、梦中或工作中的灵感显现。

（31）追求人类的无限可能性

内容提示

A 相信能力的无限可能性；

B 磨炼自身能力。

（一）本条主题的几种表述

根据稻盛先生对本条的解读，"追求人类的无限可
能性"又可以表达为"相信人的能力是无限的""人人
都具有无限的能力"及"能力会提升"。在《日航哲
学》手册中，本条表达为"能力一定会进步"，即稻
盛先生强调的"坚信自己的潜能无限，并具备提高能
力的意识"。

（二）磨炼能力三步曲

稻盛先生对本条的解读，隐含了一个"磨炼能力三步曲"，并关联了另两条京瓷哲学，见图6-2并请对照阅读《京瓷哲学》。

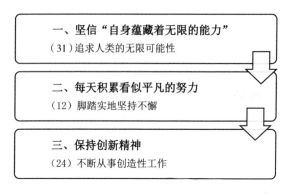

图6-2　磨炼能力三步曲

（三）从"自我实现"看"追求人类的无限可能性"

马斯洛指出："弗洛伊德提供心理病态的一半，而我们必须补上健康的另一半。"他创立了研究人类美好心灵的心理学流派，并被誉为"人本主义心理学之父"。"人本主义心理学"相信人性本善，关注人性中的"真善美"，追求"人性能达的境界"。Eupsychian

是马斯洛创造的心理学概念，可音译为"尤赛琴"，也可意译为"优心态"。Eupsychian 是由希腊词根 eu-（好）与 psyche（灵魂）组成，有"美好的灵魂""向往美好的灵魂"的意蕴。这与稻盛哲学对美好心灵的强调，何其一致！

马斯洛的"需要层次论"是组织行为学的重要理论。其最高层次的精神需要"自我实现"之"自我"，就是"最好的自己的可能性"、就是"人类的无限潜能"。"自我实现"也就是"追求人类的无限可能性"。

郑雪在其《人格心理学》中指出："从事充分实现自己潜能的实践活动，是自我实现，无论在什么时刻体现出真诚、和谐、诚实，是自我实现，当你感受到极为幸福的'高峰体验'（peak experience），也是自我实现。"

于是，"相信能力一定会进步"而磨炼自身能力，是"自我实现"；"与宇宙意志相协调"时体现出"爱、真诚及和谐之心"，是"自我实现"；稻盛先生灵感闪现时醍醐灌顶的感受，就是所谓"高峰体验"，也是"自我实现"。关于自我实现者的两个类型、八个途径、十五个人格特征，请阅读郑雪《人格心理学》及相关文献。

（32）勇于挑战

内容提示

A 维持现状、不进则退；

B 制定高目标、不断创造新事物；

C 勇气和忍耐力。

（一）维持现状、不进则退

本条第一段主旨是"维持现状、不进则退"。时代在进步、竞争者在进步，维持现状、不进则退。"维持现状而不喜变革"是人的通病。所谓"现状"，意味着已经取得的成绩或人们已经适应和习惯的"舒适区"，所以才愿意维持现状。所谓"学稻盛没感觉、不见效"的主要原因，就是"不愿意走出舒适区"、不愿意自我否定和自我加压、自讨苦吃。

当可资维持的"现状"消失时，如产品丧失优势、竞争激烈、疫情危机，就会把我们逼入"挑战"状态。如果不采取挑战姿态应对环境，企业必将衰退，直至消亡。

（二）什么是挑战

本条第二段界定了什么是"挑战"，即"制定高目标、不断创造新事物"。而"制定高目标"，就必须让"能力用将来进行时"并采取"我能"的精神。"不断创造新事物"，就是要"成为开拓者"。这就需要交叉阅读相关条目。

（三）"挑战"所需的性格

本条提出了"挑战"需要的两个性格要素：勇气和忍耐力。

正如稻盛先生对本条的解读，"挑战"有"挑起战斗"之意，其本意是"以格斗家的拼搏精神进行战斗"。

稻盛先生的家乡鹿儿岛又称萨摩，有武士遗风和尚武传统。格斗所必需的勇气和忍耐力，他从早期的乡中教育和区域文化中有所传承。此外，京瓷初创时严酷的环境，逼出了京瓷的挑战精神。这是外因。稻盛先生本人的性格，就不喜欢走寻常路，乐于挑战，并认为"和伙伴们一起，挑战困难、克服困难就是最大的幸福"。外因加内因，成就了稻盛先生及京瓷的"挑战文化性格"。

（33）成为开拓者

内容提示

A 维持现状、不进则退；

B 挑战成功时的喜悦；

C 保持开拓者的进取精神。

（一）开拓唯靠自己

本条第一段提出"开拓无人问津的新领域，只能靠自己"，靠自己的什么？可从《京瓷哲学》相关条目寻找答案：

（30）怀有渗透到潜意识的、强烈而持久的愿望；

（31）追求人类无限的可能性。

还靠什么？先生在本条解读中提到了两点，第一点：把京瓷哲学作为自己人生道路上唯一的指南针；第二点：敏锐的洞察力和准确的直觉力。

（二）保持开拓者的进取精神

本条强调"无论公司发展到什么规模，都要保持开拓者的进取精神"。这是稻盛先生本人一贯的生命状态和生活方式。不少塾生企业家有这样的经历，企业做大之后，或小有成就之后，不再追求企业发展，开始享乐。读了《活法》并系统学习稻盛哲学之后，明确使命，焕发活力，开拓进取，人也变得年轻而有活力。

盛和塾第 11 届企业经营报告会上，大连长之琳科技发展公司夏健钧总经理在报告中分享了他学习稻盛哲学之后的变化。2010 年前，曾享受已有成功，不再奋斗。他读了《活法》、聆听了稻盛先生"经营为什么需要哲学"的报告，深受触动，并重拾创业精神。他以航空报国的使命感，攻克多项国产大飞机关键部件技术难题，并成功地将自己的产品送上 C919 国产大飞机。夏总说："接下来我们要做的，就是别人认为我们无法做成的事。这是之琳人的研发观。"这恰是"成为开拓者"的实践典范。

（34）认为不行的时候，正是工作的开始

内容提示

A 成就事业的关键；

B 热情的动力作用；

C 成就辉煌事业的必要条件。

（一）成就事业的关键

本条第一句就提出一个命题："成就事业的关键，在于'热情、激情和执着'"，并对应了方程式。方程式中，在思维方式变量既定的前提下，热情和能力哪个重要？稻盛先生说，热情重要。热情概念包括了本条所谓"热情、激情、执着"三个要素：

热情是对于事业热烈的情感、积极态度，是自我燃烧的状态；而激情则是自我燃烧的程度，达到了激烈的境界。

执着是热情和激情的保持，具有时间维度的意义。稻盛先生用甲鱼作比喻，要咬住不放，并进一步推演出本条命题：当你认为不行的时候，正是工作的真正开始。

根据稻盛先生的解释：当然，甲鱼咬错了东西、一开始就发现方向错了，或竭尽全力之后，实在行不通，是可以放弃的，但不能由于气馁和畏难而放弃。

（二）"认为不行的时候"的含义

根据稻盛哲学的逻辑，"认为不行的时候"首先意味着，还没有"付出不亚于任何人的努力"、"自我燃烧"的温度不够、还没有"把自己逼入绝境"、还没有

"怀有渗透到潜意识的、强烈而持久的愿望"，也就是还没有努力到突破困境的极限。

其次，认为不行的时候，就是堵塞了、走不通了，到了穷途末路。"穷"的繁体字"窮"，表示人身体弓在洞穴中。"穷则变，变则通"，这正是创新的机会。而创新，需要自我颠覆。

最后，认为不行的是认知、见识、知识、能力、意志、智慧有局限的自己。认为不行时，正是磨炼以提升自己的时候，同时也是工作的开始。

稻盛先生恰恰是在长期的艰难困苦磨炼中，"动心忍性，（增）曾益其所不能"。孟子的名篇《生于忧患，死于安乐》，恰恰可以作为本条的解释，并印证稻盛先生的成功逻辑。稻盛先生及其领导的京瓷，正是在忧患中发展壮大的。

（三）热情的动力作用

本条第二段论述了热情的动力作用："如果拥有强烈的热情和激情，那么不管是睡着还是醒着，从早到晚，整天都会冥思苦想。这样一来，愿望就会渗透到潜意识，在不知不觉中朝着实现这个愿望的方向前进，使我们走向成功。"其相关逻辑见图6-3。

图 6-3　热情的动力作用

（四）成就辉煌事业的必要条件

本条最后一段呼应并强化第一段首句命题，进一步提出了"成就辉煌事业的必要条件"的四句话：

①燃烧般的热情和激情；

②坚韧不拔；

③奋斗到底；

④不成功决不罢休。

（五）实践印证

日本塾生小野寺在第 27 届盛和塾世界大会上分享了自己的一段经历：在距离实现开第 10 家分店只有 3 个月的时候，一同创业的妻子突然去世。工作、家务让他力不从心、心力交瘁。自己因过度劳累住院，本打算跟员工们道歉结束事业的时候，父亲对他说："如果现在放弃的话，你就对不起跟你合作的那些农家，还有你的员工啊。"于是他重新通读盛和塾内刊，意识到了反复学习哲学的重要性，并寻找人生的活法。他学习了"认为不行的时候，正是工作的开始"，正是在这句话的鼓舞下，2个月后，他实现了开第10家分店的目标。他的报告对应并印证的多个《京瓷哲学》条目，后面会陆续引用。

（35）坚持信念

A 信念的作用；

B 信念的核心内容。

（一）本条逻辑

本条的逻辑是，工作中会遇到障碍、阻力；要突破它，则需要信念；坚守信念却需要莫大的勇气。因此，本条关联了（37）"具备真正的勇气"。

（二）信念即大义名分

本条所谓信念，就是稻盛先生所谓"崇高的理想"，也就是"大义名分"，通常也就是"企业使命"。在稻盛哲学中，其主旨是"守护员工、贡献社会"或

"为社会、为世人"。

稻盛先生创立第二电电、重建日航，所面临困难可谓如山之巨！靠着大义名分，不仅克服了困难，还取得了巨大成就。稻盛先生说："第二电电创立伊始各种问题和困难堆积如山。我之所以能够毫不气馁、攻克难关，正是因为贯彻了自己的信念。""让日本国民享受较为低廉的通信费用"这样的大义名分，便是当时支撑他的信念。支撑稻盛先生挑起日航重建重任，克服重重困难，并于两年零八个月重新上市的信念，就是那三条大义——"救助日航留任的员工；重振日本经济；让日本国民有选择航空公司的自由。"

作为经营者，最基本的大义名分使命，即是"守护员工幸福"。践行稻盛经营哲学的企业家们，正在坚守着"守护员工幸福"的基本点，而殚精竭虑，全力以赴，克服无数困难，不断走向成功。盛和塾各类报告会上，塾生企业家的分享，基本上都聚焦了该主题。

（36）乐观构思、悲观计划、乐观实行

内容提示

A 乐观构思的应用范围；

B 乐观构思的哲学基础；

C 悲观计划的要点；

D 乐观实行的心态与精神。

（一）乐观构思的应用范围

根据稻盛先生的解读，乐观构思的应用范围，就是"想要成就新事业"，包括了"开发新产品""进入新领域"。总之，乐观构思的对象，基本是有一定难度的，陌生的新领域、新事物。

在京瓷，乐观构思应用最多的，应该是新产品研发。正如稻盛先生所言，初创的京瓷既无尖端技术，也无先进设备，可却一直对客户吹牛皮："我们什么都能做。"这个"吹牛皮"的自嘲，其实就是本条说的"乐观构思"和"超乐观地设定目标"。

（二）"乐观构思"的基础与要领

乐观构思的基础是在理想、信念的基础上，相信

"上天赋予我们的无限可能性",以及现有的一定能力及物质基础。在(42)不成功决不罢休中,稻盛先生以猎人追捕猎物需要备足口粮为喻,指出"'留有余裕的经营方式'是成功的前提"。"口粮"和"余裕"所指是必要的资金储备。正如稻盛先生对创建第二电电的乐观构思,基于大义名分、自身的无限可能性、自己的经营能力与哲学威力,以及京瓷的充足资金储备。否则,会导致盲目乐观。

稻盛先生提出:"要自己对自己说'我行,一定成功!'自我激励,振奋自己。"在日本,这样自我激励的语言,也称为"真言",相信能够成真的语言。很多运动健将也常讲类似的话,"我行,一定成功!"

先生所敬重的圣人贤者中村天风先生认为,人有无限潜力,并倡导绝对积极的思维方式和语言方式。他劝导人们要养成使用积极语言的习惯,通过语言暗示,可以获得超凡的力量。

具体构思时,还需要"深思熟虑到'看见结果'",正如稻盛先生乐观构思第二电电时,他能够"看到"第二电电上市。公司的规模、销售额、业务发展状况、上市时期,都被先生一一言中。

（三）"悲观计划"的含义与要领

如果说"乐观构思"是理想主义的话，"悲观计划"则是现实主义。两者结合，就是"两级兼备"的思维方式。同时，"乐观构思"可以理解为"大胆"，"悲观计划"可以理解为"细心"。

为何要悲观计划？其原因正如老子所言："多易必多难，是以圣人犹难之，故终于无难。（《老子》帛书本 26 章）"就是说，把事情考虑得越容易，到时困难就越多。所以圣人总是要考虑到可能的困难，到最后就没有困难了。

如何悲观地计划？所谓悲观，就是把事情多往坏处想，多考虑不利因素，设想到一切可能发生的问题，并慎重周密地思考对策。可以根据程序设计的条件式——"如果……就……"做出对策表，并形成预案。不同的事项，悲观计划的要点不同。以接受新订单为例，先生指出了悲观计划的要点是："全面预估可能出现的所有负面情况和欠缺条件"。

（四）"乐观实行"的含义与要领

"乐观实行"的含义与要领，全部包含在下一节"战胜困难"的各条之中，需要参照阅读。换言之，

"乐观实行"就是以乐观开朗的态度，去战胜困难。

至于乐观实行的具体要求，稻盛先生指出："在把不利因素都纳入考量后，就不要再畏首畏尾，而应该横下一条心：'事已至此，了无退路'。"这也就是破釜沉舟的精神。稻盛先生最常用的，体现"乐观实行"要义的一句话，是出自中村天风先生的："志气高昂，不屈不挠，一心一意，坚决实现新计划。"稻盛先生指出："可以说，这句话浓缩了我参与日航重建的一切要义。对于航空业，我没有知识、没有经验，对于日航的重建，我没有任何胜算。领导日航的重建，我依靠的仅仅是这种纯粹而强烈的'心念'而已。"[5]

三、战胜困难

（37）具备真正的勇气

内容提示

A 勇气的必要性；

B 真正的勇气。

（一）勇气的必要性

本条第一段谈了勇气的必要性："正确地开展工作，即把正确的事情以正确的方式贯彻到底，需要勇气。"

（二）何谓"真正的勇气"

首先排除了粗野的，所谓豪杰之士的"蛮勇"。蛮勇是特点，是不假思考的冲动。其次提出了真正的勇气的定义，即："在贯彻信念，直击困难的同时，有节度、知畏惧。"

可见，稻盛哲学中所谓真正的勇气，前提条件是基于信念，而稻盛哲学的信念，就是大义名分的使命。在此基础上，加上胆大心细，就是真正的勇气了。换言之，基于信念的大胆与细心兼备，就是真正的勇气。

与此同时，先生顺便论述了这种勇气的形成规律，即原本"谨慎细心"的那种人，在经过各种历练之后，所获得的那种勇气。这正是先生自身经历的总结。

于是，可以认为"谨慎细心"是真正勇气的必要条件。否则，就是蛮勇。

（38）点燃团队的斗志

内容提示

A 斗志的含义；

B 克服困难需要斗志。

斗志的含义与作用

斗争心、斗志、斗魂、胆识、垂直攀登、洞穿岩石般的坚强意志，都是稻盛先生经常互用的高频词语，体现了稻盛先生的性格及其哲学特色。斗志是职场工作，尤其是企业家，必备的职业品格。斗志对应方程式的"热情"，是热情的高级状态，决定着工作的成功。

在 1982 年京瓷的经营方针发布会上，稻盛先生引用中村天风先生的一句话作为口号来点燃团队的斗志——"实现新的计划关键在于不屈不挠、一心一意。因此，必须抱定信念，志气高昂，坚韧不拔干到底。"这句话后来成为日航重建的口号。稻盛先生指出，"其所表达的意思，正是'垂直攀登'的精神"。

这个斗志就是经营十二条中的第八条"燃烧的斗

魂"。2012年2月，先生应邀在"每日21世纪论坛"上，发表了题为"日本经济的再生和国家方向"的演讲。其核心观点是，"日本的重生需要燃烧的斗魂"。先生指出："不管经营环境如何变化，只要具备绝不认输的、昂扬的斗争心，也就是以'燃烧的斗魂'去面对，就一定能开辟未来。"基于该演讲出版的《心法之贰：燃烧的斗魂》，可作为本条的延伸解读。

（39）自己的道路自己开拓

　A 员工的主人翁精神。

本条主旨

本条主旨是广大干部员工的主人翁意识，并要求他们抛弃"打工者意识"或"被雇佣意识"的"等靠要"思想，而要像经营者一样具有"独立自主精神"，倡导主动参与经营，形成"人人都是经营者"的局面。其制度设计就是阿米巴经营，即单位时间核算制度。在此，每个巴长独立自主地经营，每位成员也以主人翁意识积极参与。当阿米巴或员工的单位时间附加值大于其小时工资时，就为企业做出了贡献，就会有成就感。通过对业绩贡献率的评价，激励大家以主人翁姿态努力为企业发展做贡献。与此同时，自己的资格等级与薪酬待遇也同时提升。

稻盛先生强调，本条的关键是"要让员工具备和企业家及管理者相同的主人翁意识"。日航重建意识改革的一个重点，就是扭转"旁观者"或"评论家"文化，最终建立主人翁意识。《日航哲学》的第二部"为了创建一个崭新的日航"的第一章及其第一条都是"每个人都是日航"。该哲学通过阿米巴机制得以保障和实施。而通过每个日航员工的积极努力，日航重建最终得以成功。

（40）有言实行

内容提示

A 有言实行的意义与作用；

B 有言实行的实践方法。

（一）有言实行的意义与作用

"公开宣布并承诺"就是一种工作仪式。结合稻盛先生对本条的解读，有言实行的意义与作用可梳理如下：

（1）自设压力：一旦公开宣言，来自周围和自身的双重压力就会促使你振奋，把你逼入非成功不可的境地。

（2）确保目标：兑现承诺的责任，可以确保目标的实现。

（3）激励动力：说出口的话，在激励自己的同时，还会成为实际的动力。

（4）语言能量：日本人认为"言语中有灵魂"，说出口的话具有力量，会对自己产生作用。"有言实行"其实是一种手段，能把自己说的话转化为促使自己付诸行动的能量。

（5）目标承诺：在目标管理（MBO）和参与管理理论中，强调目标制定时的自下而上的个人承诺，以产生参与感和承诺感。

（6）提升氛围：如果干部和普通员工都能积极主动地宣布自己的目标，那么该企业的职场氛围必然积极开朗，其业绩也势必非常优秀。

（二）有言实行的实践

有言实行的实践方式，主要是通过各类经营会议，鼓励干部职工主动承担或挑战高目标／预定。对于部门负责人可以其部门业绩来考核，而对于一般职工通常是用"有言实行表"来考核其工作目标的完成情况。[6]

（41）深思熟虑到"看见结果"

内容提示

A 如何看见结果；

B "看见结果"的作用。

（一）如何看见结果

本条讲的是科学的观想功夫。它是形象思维与逻辑思维的结合，是心力或思维能力的训练。下面梳理稻盛先生的讲述：

1. 愿望强烈："心不唤物，物不至"。首先，坚信"强烈而持久的愿望必将实现"，以完成任务的愿望为起点，并让它足够强烈，足以渗透到潜意识。

2. **模拟推演**：在大脑中进行认真反复的模拟推演，这样做如何，那样做又如何？

3. **看见结果**：不知不觉中，梦想和现实的界限逐渐消失，尚未着手的事情，却感觉仿佛已经做过。

稻盛先生特别指出，如果脑中显现的只是"黑白画面"，这还不够，只有呈现出逼真的"彩色影像"，才算是思考到位。如果能把所有问题和环节都彻底思考，达到这样的程度，不管是研发产品，还是开创事业，都势必能够取得成功。

4. **产生自信**：越加清晰地看见结果，就会逐渐产生出一定能做好的自信。

（二）"看见结果"的作用

本条第三段，总结了"看见结果"的作用，梳理如下：

1. **"不走寻常路"的指南针**：完成前人从未做过的事业，创造新的事业。

2. **高难度工作或事业路径模拟实验**：有助于完成需要突破重重壁障的极度困难的事业。在化工实验等领域，已经有人工智能技术来辅助实现"看见结果"。

以上也是"看见结果"的应用范围。其实，前人做过的、自己做过的、并不困难的事情，也同样需要"看见结果"的方法，以求完美。

（42）不成功决不罢休

内容提示

A "不成功决不罢休"的含义；
B "不成功决不罢休"的实践。

本条主旨

本条与"认为不行的时候正是工作的开始"关联最密切，主旨都是"锲而不舍"。稻盛先生解读这两条时，分别使用了甲鱼咬物和猎人捕猎的例子来比喻，也同时以京瓷研发成功率来做例证。稻盛先生在解读本条时传递出其主旨："如果有这份锲而不舍的精神，就一定能够达成目标。"

总之，本条的主旨就是"锲而不舍"这四个字。它不仅是京瓷的研发精神，也是京瓷战胜各类困难的思维方式。稻盛先生认为，这对于经营者尤其重要。

　　稻盛先生指出："有一句话，可以用来表述有这种气魄的日本经营者所应具备的精神：'志气高昂，不屈不挠，一心一意，坚决实现新计划'。"这句话先生在落实京瓷年度经营方针时讲过，在重建日航时也讲过。稻盛先生还特别强调："这句话浓缩了我参与日航重建的一切要义……领导日航的重建，我依靠的仅仅是这种纯粹而强烈的"心念"而已。"多次重复这个引用，也说明了京瓷哲学条目的关联性。

第七章　稻盛经营哲学（上）

一、经营哲学总述

（一）经营哲学结构分析

根据附录 1 "京瓷哲学内在逻辑"的"三分法"，本章开始梳理"经营哲学"。将《京瓷哲学》中"重视经验""制造完美无瑕产品""倾听产品的声音""能力要用将来进行时"等条目划入"工作哲学"（见附录 3）。同时，把"构筑信赖关系"纳入"经营要诀"，"会计七原则"中的"现金流经营原则"纳入"人人都是经营者"。在"关于开展日常工作"部分，吸收"经营十二条"中的"设立具体的目标"、将"贯彻公平竞争精神"视为组织文化管理理念、将"直言相谏"视为管理风格或作风、将"统一方向形成合力"视为具体的文化管理方法。这样，最终形成"经营哲学逻辑结构扩展表"，详见本书附录4。

在附录4中，经营哲学的条目可分为两大类："方针类"和"方法类"。经营方针类共有12条，是企业经营的总抓手和最高原则。方法类又分为"经营方法"和"管理方法"，分别称为"经营理念"和"管理理念"。"经营"与"管理"在管理学上是有区别的。"经营"强调做正确的事情，涉及财务效益问题。而"管理"侧重把事情做正确，更强调目标执行实效。此表可作为《哲学手册》中经营哲学部分的初始模板。表3-1、附录3、附录4融合起来，就成为一个"人生—工作—经营"哲学逻辑结构扩展表，便于整体把握《京瓷哲学》，同时可以作为《哲学手册》的模板。

以上是对《京瓷哲学》经营哲学部分所做逻辑结构梳理，解析时仍然按照其篇章结构进行。

（二）经营哲学内容要点

根据本书附录4，已将经营哲学板块的条目分为两大类：方针类和方法类。

其方针类以心本经营系列为主轴，方法类以实学原则为骨干。所谓"实学原则"涉及会计七原则（"现金流原则"已补上）和阿米巴经营的条目。经营哲学三部分的要领如下：

1. 经营要诀 / 经营方针

原书本章的总要诀是"遵循原理原则"，包含"伦理性"和"科学性"两大类，统摄整个经营哲学三章的条目。"伦理性"原则基于"作为人，何谓正确"，属于狭义的"经营哲学"，"科学性"原则基于"追求事物客观本质"，涵盖实学类条目，可称为"实学哲学"。日航重建第一年的意识改革、哲学教育，就包含了"实学哲学"和具体的"经营实学"——《稻盛和夫的实学：会计七原则》《阿米巴经营》。所以，当我们听到"日航重建第一年仅凭哲学，扭亏为盈"时，要知道，这里的"哲学"已经包含了实学原则，如"核算意识""销售最大化、费用最小化"。

经营要诀的主轴是心本经营系列，从"以心为本的经营"到"全员参与经营"涵盖8条，即附录4该标题下第2至8条，外加"为伙伴尽力"。它们是一个相互关联的系统，需要整体把握和运用。"经营要诀"中的第 9 至 12 条（见附录 4）侧重对外，是市场导向和运营效益导向的条目，可称为"开拓经营"系列。

2. 人人都是经营者 / 经营理念

本部分以"销售最大化、费用最小化""定价即经营"为代表，附录 4 该标题下第 1 至 8 条以创造高收益为特征，从管理学角度称之为"经营理念"。

3. 关于开展日常工作 / 管理理念

本部分以"设立具体目标"、"一一对应"为代表，涉及具体的日常管理工作——团队组织管理层面、个人工作管理层面，一共 8 条。从管理学角度称之为"管理理念"。

二、经营要诀

（51）以心为本的经营

内容提示 ▶

A "以心为本"的含义；

B "信赖关系"的意义与作用。

（一）心本经营系统

"以心为本的经营"是京瓷的经营方针，是京瓷的经营基础，被称为"京瓷的原点"。本条连同"大义名分使命"及"以大家族主义开展经营"等 8 条关联哲学，形成一个"心本经营系列条目"，并配套"阿米巴经营"制度而落地实施。此三大要素之间的关系，很难找到一个合适的图形表示，暂且用三圆交叉图示，见图 7–1。

图 7–1　心本经营系统

"以心为本的经营"是京瓷式经营，或稻盛经营学的根本特征，正如京瓷元老青山政次先生著作之点题——《京瓷以心为本经营二十年》。在 2018 盛和塾海外塾生学习会暨稻盛哲学论文发表会上，回顾祖父著述之后，青山墩教授提出了以心为本经营的四大价值观——幸福观、工作观、人生观、企业观。

总之，广义上，《京瓷哲学》全都可以理解为"以心为本的经营"的范畴。此处提出的"心本经营系列条目"8条，可视为狭义。如果在"心本经营系列条目"8条的基础上，以之为内核，加上其余京瓷哲学内容，可写作"心本经营8条+"，则成立为广义心本经营哲学。

大义名分使命，特指京瓷的"经营理念"——"追求全体员工物质与精神两方面幸福的同时，为人类和社会的进步与发展做出贡献"。它是京瓷全部经营活动的起点和归宿。

阿米巴制度或分部门核算制度，抑或阿米巴经营，可以理解为："基于京瓷式使命与稻盛经营哲学的，一系列特定管理制度的集成与运行——组织划分与组织再造、计划（MP）/预定/目标、核算表设计与运用、内部交易定价、经营会议、考核、薪酬、人才培养等。"

（二）京瓷的"心本经营"与"企业使命"

京瓷初创期，资金、技术、设备等客观条件无所依仗，唯一可以依靠的就是 28 名员工与公司及其之间的"心心相连的信赖关系"。这个信赖关系就是京瓷的经营之本。需要注意的是，"以心为本的经营"的"心"，不是字面上的"心"，而是心心相连的信赖关系。

而信赖关系的前提又是京瓷以"员工幸福"为基础的企业使命。同时，为了实现京瓷的使命，必须全体员工同心同德、心心相连。

因此，京瓷的"心本经营"与"企业使命"，犹如《易经》的"同人"（同心同德）和"大有"（共同富裕）互为"综卦"，一体两面，或是成对的"共轭"（conjugated）关系。"大有""同人"相合，就是"大同"。

（三）"心本经营"的内在逻辑

1. **人之外无凭**：京瓷初创时资金、技术、设备等条件，除了人都无法凭借和依靠。稻盛先生说他唯一能够抓住的救命稻草就是 28 名员工，只能凭借人。

2. **人之本在心**：人的根本在于"心"，而非身体。稻盛先生认为，虽说人心脆弱、易变，但世界上比人心更坚固的东西并不存在。

3. **心之间靠信**：心之间牢固关系的建立，靠"信"，即"信赖关系"。

4. **信之要在义**：隋朝思想家王通（文中子）有言："以利相交，利尽则散；以势相交，势去则倾；以权相交，权失则弃；以义相交，地久天长。""以义相交"，关系才能长久或牢固。

"大义"是信赖关系的必要条件。以"员工幸福、贡献社会"为特征的"京瓷式"使命，是企业与员工及员工之间信赖关系的必要条件。

总之，经营企业的本质，就是经营人心，建立信心、信赖关系。

CCTV–2财经频道播出的《公司的力量》（第7集）"各领风骚"中讲述企业文化在日本的诞生时，解说道："道义、情感、人际关系，还有信任感、亲密性，这些维系人类社会数千年生存的基本要素都可以转化成生产力，日本公司向世界传递出一种新的信息。"此所谓"道义、情感、人际关系，还有信任感、亲密性"，也就是"以心为本的经营"中"心"的内涵。可见，"以心为本的经营"是企业文化诞生的标志，同时，它也是企业文化的核心。而京瓷"以心为本的经营"从理论到实践，都达到了成熟、透彻的境界。

（52）光明正大地追求利润

内容提示

A "正当的利润"及其获取方法；

B 京瓷的经营之道。

（一）赢利正当

本条第一段涉及了"赢利正当"的命题，即企业应该追求利润。石田梅岩奠定了日本商业伦理的基础，其中就有"赢利正当论"。石田梅岩指出："得买卖之利为商人之道，未闻进价出售之道也……商人立于诚实取利之上，诚实取利为商人之正直也，不取利非商人之道也。"[1]其赢利正当论的逻辑是，商人通过买卖，即商品流通来创造价值（满足消费需求）并维持自身生存，得买卖之利是商人存在的合理性或正当性，但必须基于诚实，才具有完备的正当性。于是，便呼应了本条的主题——光明正大地追求利润。

（二）正当的利润

本条第二段聚焦"正当的利润"，结合稻盛哲学的一贯思想，梳理如下：

①以自由竞争决定的价格为基础，所赚得的利润；

②通过合理化等管理改善而降低成本产生的利润；

③通过创新提高附加值而产生的利润；

④坚守底线，合法经营、伦理经营而产生的利润。

（三）京瓷的经营之道

本条第三段强调了在浮躁、投机和不择手段求利的世风中，京瓷要坚守的经营之道："光明正大地开展事业，追求正当的利润，为社会多做贡献。"

在2021年的稻盛经营学企业践行成果巡讲会上，贝壳找房COO徐万刚的分享，有一段内容恰好对应了本条。他们在经营中坚守"不行贿、不受贿、阳光操作、合规经营"的原则，选择了难而正确的道路，从得不到订单、得不到好订单，到大订单上门，公司也获得了持续高收益发展，印证并践行了"光明正大地追求利润"及成功方程式。

（53）遵循原理原则

内容提示

A 合乎情理，遵循道德；

B 作为人，何谓正确？

C 以事物本质为依据。

（一）伦理性原理原则

本条提出的原理原则，特指"合乎情理、遵循道德"，判断基于"善恶"而非"得失"，即以"作为人，何谓正确？"为原则，属于伦理范畴。它在商业伦理学中，属于"道义论"（Deontology）伦理原则，其具体标准，即第二章梳理出的"京瓷十大核心价值观"："公平（公正）、正义；勇气、诚实；忍耐、勤奋（努力）；亲切、体谅；谦虚、博爱。"

（二）科学性原理原则

本条提到的"不依赖所谓的经营常识"及"以事物的本质为依据做出判断"中所涉及的原则，是科学性的，属于稻盛经营学的实学范畴，会计七原则就是其典型例证。

"销售最大化、费用最小化"以及"在京瓷不依照法定使用寿命折旧，而根据设备的物理寿命、经济寿命进行判断，确定'自主使用寿命'，依此折旧"，也都是科学性原理原则的典型例证。

（54）贯彻顾客至上主义

内容提示

A 为客户创造价值；

B 满足客户需求；

C 取悦客户。

（一）创造客户价值

本条的逻辑有三个阶梯：第一，作为零部件厂家，定位为独立自主公司而非从属他人的外包加工企业。第二，所谓独立自主，就是要不断创造出客户期待的有价值的产品。第三，如何做到？拥有先进技术，并借此在质量、新产品开发、价格、交货期等所有环节上，全方位满足客户的需求。

所谓"顾客至上"就是"为顾客创造价值"以满足其需求。而京瓷是"技术立企",它凭借技术全方位为顾客创造价值。

这里涉及营销学的概念——客户让渡价值（Customer delivered value）：

客户让渡价值 = 总客户价值 - 总客户成本

营销的核心，就是为客户提供价值以满足其需求。

（二）取悦客户是从商之本

在解读本条时，稻盛先生指出，他一直用"顾客至上主义"概括"取悦客户是从商之本"的道理。他认为，重视技术等做法，正是基于"取悦客户"的真诚意愿。1959—1999 年的 40 年间，京瓷未出现过赤字，且持续赢利、不断发展。先生把它归结为"顾客至上主义"的成果、努力取悦客户的回报。

本条在学习践行时，需要在深入把握其精髓基础上，结合行业特点进行转化。在辅导企业做《哲学手册》过程中，我看到了餐饮、教育、设计院等行业塾生企业对本条的成功导入和践行。

（55）以大家族主义开展经营

内容提示

A 大家族主义经营的必要性；

B 大家族主义经营的实践要点。

本条是稻盛经营哲学的核心特征与精髓，因此用较大篇幅展开解析。

（一）一般（小）家族主义

在中国知网搜索"家族企业"，会看到很多有关"治理、控制、传承、劳资关系"主题的文献。这些都属于"小家族主义"范畴。在日本，之所以能够出现"经营家族主义"，即"大家族主义"的经营模式与实践，与其特殊的社会文化背景有关。

（二）日本文化的"家"概念

"家"字的日文写法与汉字相同，但其含义已经有所变化。"'家'在日语中读作「いえ」，不单纯是以血缘和婚姻为纽带的具体家庭。日本传统家族制度的'家'是以家业为中心，以家产为基础，以家名为象征的家族经济共同体。"[2] 该"家族经济共同体"是"基于家族之上的超家族、超血缘的集团"[3]，其纵向的传承与延续，往往重于横向的血缘关系。因此，很多日本家族企业采取长期主义的经营，从而使长寿企业大量出现。日本家族经济组织具有重"家"轻"血缘"的倾向，大家族内是一种"模拟血缘关系"[4]。基于这种日本家文化，便产生了"日本化"的行为科学理论——"共同生活体论"[5]，以总结并进而指导日本的企业经营活动。

据1990年《日本经济新闻社》对100名企业课长进行有关"企业应该属于谁"和"现实中是谁的"等问题的抽样调查，"企业应该属于职工"占据第一位（80%）、"现实中企业属于职工"的仍然处于第一位（77%）。[6] 在日本人的文化潜意识中，企业是员工共同生活的地方，入职后就把自己交给公司，同时公司也要呵护员工一生。

（三）基于家文化的日式经营

日式经营在很大程度上基于其特有的"家文化"，而区别于西式管理风格。全面理解稻盛经营哲学，需要将其置于"日式经营"的大背景中。占部都美归纳了日式经营的三个特点：经营家族主义、集团主义、人间主义（常译为"以人为本主义"）。京瓷哲学与之有对应并超越的条目，如：经营家族主义对应以大家族主义开展经营，集团主义对应伙伴尽力，人间主义对应以心为本开展经营。日式经营的三大神器在京瓷有所体现与超越，京瓷基于哲学—能力—业绩的资格等级制度，超越了终身雇佣制和年功序列制。京瓷也有工会，但它与公司同向同行于大义名分的企业使命之"追求全体员工物质与精神两方面幸福"。

（四）经营家族主义的演进

在日本，经营家族主义的出现，有其历史发展过程，大致经历了三个发展阶段：第一阶段是德川时代的商家同族经营，第二阶段是终身雇佣制，第三阶段是在资本主义发展初期劳资纠纷背景下产生的"经营家族主义"。[7]

（五）经营家族主义的先驱

在日本，经营家族主义的先驱，有两个代表性的、里程碑式的企业：钟原纺织和日本国铁。

钟原纺织的经营者武藤山治最早提出"大家族主义"。他吸收欧美劳务管理经验，引进"温情管理法"，推出了很多酷似空想社会主义代表人物欧文当初在英国苏格兰新拉纳克棉纺织厂所实施的工人福利：

提高工资、缩短工时、共济组合、消费组合、住宿改善、内部教育培训等。此外，他还提出了员工提案制度、企业内刊及劳资沟通制度。这些制度就是其"大家族主义"的具体实践。

日本铁道院总裁后藤新平于1909年提出"国铁一家"和"铁道大家族主义"的口号及"献身奉公、和合敬爱、修身练磨"的家族主义经营三大支柱，[8]对于当时铁路国有化之后的凝聚人心、化解混乱和稳定经营起到重大作用。

（六）京瓷大家族主义

京瓷的大家族主义经营，可以说是日本"经营家族主义"的集大成与超越。其理念系统而完整，并有经营体制来配套保障，见图7–2。

据稻盛先生在《京瓷哲学》中对"以大家族主义开展经营"解读时指出，它与"以心为本的经营"是"相辅相成的一对"。稻盛先生初创京瓷时，资金、技术、设备等条件极其薄弱，唯一可以依赖的就是28名员工"心心相连的信赖关系"。稻盛先生觉得人心太抽象，于是想到了最能团结和凝聚人的"家族的纽带"，于是开始倡导大家族主义的经营方式。

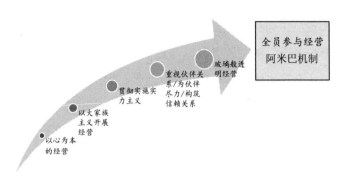

全员参与经营
阿米巴机制

玻璃般透明经营

重视伙伴关系/为伙伴尽力/构筑信赖关系

贯彻实施实力主义

以大家族主义开展经营

以心为本的经营

图7-2 京瓷大家族主义经营"理念体系—经营机制"配合示意图

　　而大家族主义会产生"基于家族温情的依赖思想"及"论资排辈"、"任人唯亲"等弊端，于是稻盛先生提出"贯彻实施实力主义"。

　　家庭或科层制组织，会有纵向等级意识，造成不平等，不利于信赖关系的建立和齐心协力的组织效能。于是，稻盛先生同时提倡"重视伙伴关系"，并建立人人平等的公司文化。职务只是分工不同，人格上，人人平等。与此同时，还要贯彻"为伙伴尽力"的哲学。稻盛先生指出"为伙伴而工作，是阿米巴经营的真髓"。

　　既然是一家人、既然是平等的关系，就必须实施"玻璃般透明的经营"。而"玻璃般透明的经营"又能构筑员工与公司及经营者的信赖关系，并成为"全员参与经营"的前提条件。与此同时，还需要通过组织酒话会等集体活动来强化情感纽带，构筑信赖关系。

员工与公司的信赖关系的关键是"劳资双方的思想一致"。"资方"即"公司方"，英文为 The management，常译为"管理当局"。"全员参与经营"正是稻盛先生让劳资双方思想一致的有效手段，同时也是伙伴关系、大家族意识、实力主义和信赖关系的落实方法。而"全员参与经营"的具体经营机制，则是稻盛先生发明的阿米巴经营。阿米巴经营或单位时间核算制度，是"服务于大家族主义经营的管理会计"[9]。它将以上8条哲学整合落地，是哲学落地的平台。从中也可体会到哲学与实学的一体性。

（56）贯彻实力主义

内容提示

A 贯彻实力主义的必要性；

B 实力的标准。

（一）部门长实力的重要性

毛泽东讲过："政治路线确定之后，干部就是决定的因素。"这个原理，对于企业而言，主要体现为部门长，即中层干部的重要性。他们承上启下，推动着组织的运营。而德才欠缺的中层干部，则阻碍着公司发展，被称为"中层阻隔"。所以，本条开篇便讲道："运营一个组织最重要的是，这个组织各部门负责人，是否由真正有实力的人来担任。"

（二）何谓有实力的人

本条排除了资历辈分，体现了公平公正的用人原则（贯彻公平竞争精神），并提出了有实力的人所具备的五大特点：

①拥有胜任职务的能力；

②具备高尚人格；

③值得信任；

④值得尊敬；

⑤愿意为众人的利益发挥自己的能力。

如果考察身边业绩好的部门，其部门负责人，无一不具备这五大特点。京瓷的实力主义体现为"京瓷人才像"，并具体贯彻于其人事制度中：

①实践哲学的人（人格）；

②不断自我革新的人（能力）；

③为企业发展做贡献的人（发挥能力）。[10]

（57）重视伙伴关系

A 伙伴关系的特点与性质；

B "伙伴关系" 与 "以心为本的经营"。

（一）公司内人际关系的定位

本条所言伙伴关系，是京瓷创业时就致力于建设的 "以心为本的经营" 的人际关系定位。因此，伙伴也是京瓷的重要文化基因，并积淀出浓厚的伙伴文化、平等文化，空巴就是其生动体现。总之，在公司内的工作中，员工之间的关系定位是伙伴。

（二）伙伴关系的特点

在界定伙伴关系特点时，本条采用先破后立的逻辑，排除了 "纵向从属关系" ——基于权力、权威的上下级关系。破后再立是指 "公司同事间的关系，基本上是横向的伙伴关系、是同志关系"。

从组织管理角度，公司有不同职务及上下级，是为了工作之便；而本条的"伙伴关系"强调的是所有干部员工之间人格的"平等性"。稻盛先生曾以马戏团比喻这个平等性：马戏团为了演出，每个人有不同的角色，有英雄、丑角等，但卸妆之后大家都一样，人格上是平等的。

（三）伙伴关系的性质

本条第四段呼应第一段，重申伙伴关系的性质——"互相理解（即心心相印）、互相信赖"，并强调指出，正是这种伙伴关系，才使得京瓷的发展成为可能。

可见，"互相理解（心心相印）、互相信赖"的伙伴关系，是京瓷发展的必要条件，也是"以心为本的经营"在工作中的体现或在人际关系维度上的投影。

（58）全员参与经营

内容提示

A 全员参与经营的意义；

> B 在阿米巴员工如何参与经营；
>
> C 阿米巴经营的相关哲学条目。

（一）全员参与经营的组织形式

本段首先提出京瓷的经营单位是阿米巴组织。所谓阿米巴，即变形虫，以此比喻微小的、应变的组织单元。所谓阿米巴经营，就是根据产品、工序、客户或地区等维度，将大组织划分成许多独立经营、独立核算的小单元。每个员工都从属于一个阿米巴。每个阿米巴甚至成员个人的成本、费用、收益，以及单位时间附加值，都可以考核。于是，每个人都肩负着经营责任，并参与经营，亦即阿米巴成为全员参与经营的组织形式和制度安排。

（二）在阿米巴员工如何参与经营

本条论述了京瓷员工在阿米巴参与经营的方式。在阿米巴，每个人都可以发表自己的意见，为经营出谋划策，并参与制订经营计划——年度计划和月度预定。年度计划和月度预定的核心是"目标"。在其制订过程中，自上而下，自下而上，多次反复。最后，员工认同、承担并参与目标的实现。在此过程中，员工还要每天了解自己及所在阿米巴的经营数据、参加经营分析会。在参与经营中，自己的潜能和创造力得以实现，并为所在阿米巴及整个企业做出贡献，同时被认可、被尊重。

（三）全员参与经营的意义

根据稻盛先生的解读，"全员参与经营"可以让劳动者与企业家思维方式一致，并避免劳资纠纷。与此同时，释放劳动者热情、创造高收益，进而实现"幸福员工、贡献社会"的使命。这就是本条的意义。

所谓"全员参与经营"，换言之，也就是"阿米巴经营"，连同前述"心本经营8条+"与"大义名分使命"，形成图7-1所示"心本经营系统"。

（59）统一方向，形成合力

内容提示

A"统一方向、形成合力"的含义、必要性；

B"统一方向、形成合力"的具体方法。

（一）非组织化人群状态

本条的叙事逻辑是：反论—正论—结论。前两段是反论：如果放任自流，不加组织，每个人想法、做法不同，力量分散、无法形成合力。这样的人群，在社会心理学中，称为"群体"而非"组织"或团队。企业，这个商业机构，是一个理性组织，需要人为干预，要建立目标和规范，并实行组织管理。

（二）团体性比赛印证

本条第三段以团体性比赛来印证、正论"统一方向，形成合力"。团队是团体性体育比赛的组织形式，被引入企业管理领域。我们最熟悉的团体性体育比赛是排球、篮球、足球。团队的核心特点是：共同的目标、最佳的配合。本条在《日航哲学》中体现为"最佳接力赛"。

（三）企业方向类型

本条第四段提出结论："当全体员工的力量向着同一个方向凝聚的时候，就会产生成倍的力量。"进一步的问题是：什么是企业的方向？如何统一方向？

企业需要统一的方向有两类：经营方向和思维方向。思维方向是经营方向的基础。经营方向主要包括：

战略、方针、计划/MP、预定等各项目标。思维方向
主要包括：使命、愿景、价值观以及企业哲学文化体
系的各项内容。

（四）统一方向是一项管理职能

至于如何统一方向，就需要发挥"文化管理"职
能，即稻盛先生所谓"思想工作"，其所侧重的是思
维方向，即思维方式、哲学理念，也就是"哲学共有"
命题。

作为经营者，执行该管理职能的主要方式就是
"讲述"，让自己成为"讲述者"。京瓷早期哲学共有
的主要方式，是稻盛先生的持续讲述和率先垂范。京
瓷原会长伊藤谦介先生曾提及，他向名誉会长（稻盛）
学到了"讲述"。他说："我经常强调：'领导人必须
成为一名讲述者，可以用自己的话表达自己的想法'，
这一点也是从名誉会长身上学到的……名誉会长总之
就是一个劲儿地讲述，并且设法使自己的想法让对
方明白。从这个意义上来讲，名誉会长正是一名'讲
述者'。有幸的是，'讲述'也成了我的习性，在我任
会长时，'讲述'对我付出心血的'理念、哲学继承'
的活动起了很大的帮助作用。"[11]

在 2019 年的终届盛和塾世界大会上，稻盛塾长对塾生的嘱咐就是"如何讲述哲学"。他说："直接给大家讲话的机会，这是最后一次了。在这次大会结束前，我想以'如何讲述哲学'为题，发表讲话。"

稻盛先生重建日航开展的意识改革、哲学教育，就是为了"统一思想、形成合力"，也取得了显著效果。阳光不动产堀口社长在广东盛和塾分享时提道，他 90% 的时间用于职工哲学教育。当时有塾友提问："您把这么多的时间用在哲学教育上，还有时间抓经营管理吗？"他回答道："如果我公司干部员工的哲学都没问题，其工作行为也不会有问题。"可以说，抓哲学，就是抓根本。

总之，讲述哲学，是一项旨在"统一思想"的重要管理职能——文化管理，不仅经营者要做，各级管理干部包括巴长、班组长都要做。在这项工作上花时间是值得的、必要的。不止于此，企业还需设置专职岗位和职能部门，并建立健全相应的文化管理制度。同时，还需要专业化人才的培养与引进。在高校商学院有一门课程，就是企业文化。国家劳动和社会保障部颁布了《企业文化师国家职业标准》。企业文化专职岗位通常有"企业文化总监""文化主管""文化专员"等。企业文化职能部门常称为"企业文化部"。在国企设有"宣传部""党群部""政工部"等，企业文化与思想政治工作是一致的。企业哲学在专业上属于企业文化范畴。一般中小企业，企业文化职能可以设在人力资源部或总经办。

（60）重视独创性

内容提示

A "独创性"的含义、必要性；

B 京瓷技术"独创性"的产生。

（一）京瓷独创性技术产生的原则

本条第一段论述了京瓷独创性技术产生的原则，归纳起来有三条：

1. **不模仿他人**。这是前提。模仿省力省时，是捷径。不少企业，包括一些知名的企业，特别是在改革开放初期，采取模仿的策略，其研发部的主要工作就是研究仿制。而稻盛先生的性格是不走寻常路，宁可走泥泞小路或无路之路，也不愿意去走现成的平坦大路。所以在技术上，他所领导的京瓷一直采取独创路线。

2. **凭独特技术竞争**。如何参与市场竞争并获胜？京瓷是凭借独门绝技的自有技术，并且把它视为命根子。京瓷是将核心技术作为核心竞争力。稻盛先生的技术员出身及独立自主性格，为京瓷注入了鲜明的文化基因——技术独创，正如第一章提到的"京瓷三大利器"的"技术立企"。

3. **接受高难订单**。其他公司不敢接手的订单，京瓷接受。运用"追求人类的无限可能性""把自己逼入绝境"的哲学，拼命努力。于是，产生独创性技术。很明显，别人不敢接的订单，京瓷完成了，必然产生别人没有的独创技术。

（二）京瓷独创技术的里程碑

京瓷独创性技术的标志和里程碑的是其多层封装技术，也称 LSI 大规模集成电路。京瓷也因此获得了多项国家级大奖，技术的京瓷，这一企业形象定位，也由此形成。

而且，该技术为京瓷飞跃性和持续发展奠定了基础。多层封装技术今天仍在不断升级中，仍然是京瓷的支撑。在京瓷鹿儿岛国分工厂，作者曾见到芝麻粒大的封装，每一粒有300多层。

（三）如何孕育卓越发明

本条第三段，提出了孕育卓越发明必要条件：

1. **"无论如何也要成功"的使命感**。这个"无论如何也要成功"是稻盛式愿望，即"达成新事业"并"战胜困难"的意志，同该节的"认为不行的时候，正是工作的开始"及"不成功决不罢休"配合起来，具有强大的推动力，能够激发潜能。

2. **渐进式积累**。每天钻研创新，一步一步积累。这呼应或重复的是第24条"要不断从事创造性的工作"。

（61）玻璃般透明的经营

内容提示

A "玻璃般透明的经营"的含义、必要性；

B "玻璃般透明的经营"的具体做法。

本条以玻璃般透明来比喻"经营公开性"，并可梳理出如下三个要点：

（一）为什么公开

作为京瓷的基本经营方针，有三个相关联的条目："以心为本的经营""以大家族主义开展经营""重视伙伴关系"。

"以心为本的经营"通过"大家族主义"和"伙伴关系"来体现，并强调信任的、家人般的、伙伴式的关系。而这种关系的必然要求或试金石就是"玻璃般透明的经营"。

总之，为了建立和强化信赖关系，并体现大家族主义及伙伴关系，必须追求经营公开性。同时，阿米巴经营的全员参与，也要求经营的公开性。

（二）公开什么

阿米巴经营按照单位时间核算制度（分部门核算制度），包括会计在内的所有业务全部公开，即：各种财务数据，收入、费用（包括经营者的招待费）、公司的现有业务及其具体进展情况和细节，甚至未来的发展战略和计划。

（三）公开的成效或作用

稻盛先生认为，公开的成效或作用是形成了毋庸置疑的体系，即值得信赖的体系。公开，即表明没有什么可怀疑的。根据稻盛先生的解读，其具体成效或作用如下：

①公司内部如同玻璃般透明开放，形成透明化组织；

②每个人都敞开心扉，公开自己的内心，在工作上追求公开性；

③没有猜忌、防范，大家就能把全部精力投入到工作中去。

此外，稻盛先生在解读中，还提出了透明经营针对经营者的如下作用：

①消除偏见：消除关于经营者独占员工所创造利润的偏见；

②建立企业家威信与魄力：表明自己没有营私舞弊、没有灰色收入，使得自己"光明磊落"、"行得正，坐得直"，并建立威信与魄力。

有盛和塾的经营者，不仅公开公司收支指标等经营信息，还公开个人发生的招待费、差旅费账目等信息，极大地提高企业的凝聚力和个人威信。公开收支指标，最基本的作用是避免员工由于不了解公司财务实情而对企业产生的猜忌、不满及不合理的工资奖金要求，并促进和谐的劳资关系。

（62）树立高目标

内容提示

A "树立高目标"的含义与作用；
B 理想主义与现实主义的两级兼备。

（一）"树立高目标"的含义

"树立高目标"与（46）"描绘梦想"同样，都属于"愿景"（Vision）范畴，也译为"树立远大目标""志存高远"。"描绘梦想"相对侧重个人，针对人生哲学，讲人生理想。而本条"树立高目标"则侧重企业，讲经营要诀。而当个人是企业家时，个人的梦想也就是企业的梦想，即愿景。这两条重合度很高，可交互参照学习。

稻盛先生解读《经营十二条》"第二条设立具体

目标"时指出："这就是设立企业的'愿景'……愿景也就是公司的目标，必须充满梦想。同时，还要制订实现愿景、目标的具体计划。"于是，"树立高目标"具有"宏观"和"微观"两重含义。其宏观含义是愿景，微观含义是具体的计划、目标、指标。在阿米巴制定计划／预定时，要树立高目标，即挑战高目标，就是微观层面的使用。其相关哲学是"能力要用将来进行时""追求人类的无限可能性"等。

愿景即企业的发展方向，详见第十章。而"树立高目标"是树立高远的"愿景"，本条在稻盛和夫官网上译为"树立远大目标"。这样的目标，对应了柯林斯在《基业长青》中提出的"胆大包天目标"（Big Hairy Audacious Goal），被认为是刺激进步、成就"高瞻远瞩公司"（Visionary Company）的重要因素。"树立高目标"，针对的就是企业实力弱、条件差的发展阶段，这才称得上"胆大包天"，正如 1959 年的京瓷。

"树立高目标"体现了理想主义，还必须与现实主义相结合，从而做到"两级兼备"。在企业树立高目标的同时，还需导入立足当下具体工作的相关条目，如（12）脚踏实地坚持不懈、（11）认真努力埋头苦干、（44）认认真真地过好每一天。

（二）为何要树立高目标

柯林斯指出："胆大包天的目标可以促使大家团结——这种目标光芒四射、动人心弦，是有形而高度集中的东西，能够激发所有人的力量，只需略加解释，或者根本不需要解释，大家立刻就能了解。"

本条认为目标高低与成就大小成正比，高目标、大成功，低目标、小结果。只有树立高目标，才能凝聚人心、激励热情、统一方向、形成合力，最终把企业导向那个高目标，成就伟大事业。而《京瓷哲学》就是实现高目标、攀登最高峰的装备，京瓷就是这样一路走来。

（三）京瓷的"树立高目标"

据京瓷创业元老伊藤谦介先生回忆，1959 年 4 月 1 日开业仪式后的庆祝晚宴上，稻盛先生就提出了京瓷的宏伟愿景："先要做到原町第一、西京第一；然后再瞄准中京第一、京都第一；将来做到日本第一，最终成为世界第一"，这个宏大的愿望极大地点燃了众人。

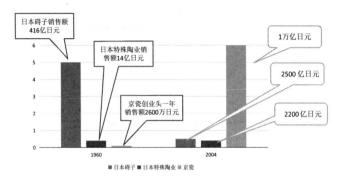

图7-3 京瓷业绩推移示意图

资料来源：伊藤谦介：《企业的永续发展与企业理念的继承》，2022年04月20日，稻盛和夫线上课堂公众号。

图7-3标示了1960年京瓷初创的第一年与行业两家巨头企业的差距，到京瓷创业第45年的2004年，销售额远超原先的行业前两名。

第八章　稻盛经营哲学（下）

一、人人都是经营者

（63）定价即经营

内容提示

A "定价即经营"的含义与实践方法；

B 定价要领；

C 在既定价格下确保或增加利润的方法。

（一）定价关乎经营死活

本条第一个主题"定价关乎经营死活"是指：

1.定高了，没有订单，企业没活儿干、没收入。

2.定低了，低于成本，企业亏本。

3.定不合适，错失赢利。

北京国瑞升科技董事长葛炳恒先生在盛和塾青年创业导师公益课堂上分享过三个典型案例：

2012年3C行业电子产品的金属外壳打磨开始使用金刚石抛光膜，根据光通信行业的价格水平报价，客户嫌贵，失去订单。

2017年，销售经理给新客户报的价格低于成本，理由是先做进去再说，结果造成亏本。

创业之初，由于不了解市场价格，新开发的产品氧化肺抛光膜，按成本＋利润进行定价，每片10元人民币。后来才知道，其价格与金刚石抛光膜一样，都是每片10美元，失去了赢利机会。

（二）价值定价

本条提出了定价的核心原则——以价值为基础。

首先，定价的基础是正确认识自己产品的价值。其次，定出能够使销售量与利润率乘积最大的那个价格。而该价格必须是买卖双方都乐于接受的。葛炳恒认为："顾客不购买你的产品成本，而是购买你的产品价值。只有当价格低于或等于客户认可的价值时，他才会购买。定价就是识别客户认可的价值，报出客户乐意接受的最高价。产品价值主要指质量、性能。你的质量、性能倍增，价格也可以倍增。"

小野寺塾生创业新鲜果汁专卖店时，靠的就是开发出别人没有的特殊价值产品，并定出符合价值的价格。他从草莓汁开始，为顾客提供特殊价值：当季、本地、足量、美味、安全、安心。他基于成本、价值，定出了消费者接受的最高价。一般果汁店单价在 200 ～ 300 日元，而他们店铺的果汁单价在 500 ～ 1000 日元，如果是季节性的果汁还卖到 5000 日元以上。如此定价，也决定了今后的店铺方针——可承受的"大众奢侈"。4 年后，他开了 8 家分店，销售额达到 2 亿日元。

（三）售价优先原则

"定价即经营"的内容极其丰富，因此稻盛先生做了大量的延伸解读，其中就有"售价优先原则"。首先设定"符合市场行情的最高价"，其次必须考虑"如何以既定价格获取利润"。

价格 = 成本 + 利润。在既定价格下要保证赢利，必须降低成本。这就是"根据售价还原成本"，即"售价优先原则"。也就是先制定售价，然后以利润为目标，逆向调整（降低）成本（价）。

不少塾生企业家都报告过这样的经历，接受市场价或客户出价，然后经营者主导，倒逼研发、采购、生产等环节来降低成本，最终获得利润。在京瓷创业初期，主要采取的就是这种定价方法。

稻盛先生回忆："凡是松下的降价要求，京瓷二话不说，照单全收，拼命思考，努力彻底地削减成本。"在此过程中，京瓷得到了全面的磨炼与提升，为后来进入美国市场打下基础。因为与美国同行相比，京瓷的产品不仅品质卓越，而且有充分的价格竞争力。

（四）定价是企业最高管理者的职责

稻盛先生对本条解读时，提出"定价是企业最高管理者的职责"，由此点题"定价即经营"。

无论是提高价值，还是降低成本，都涉及企业总体竞争力的提升，也关系到企业的各项管理职能和经营活动的各个环节。具体定价时，需要熟知企业内部的全面信息。只有企业最高经营者才具备这样的视野与权力。所以，定价是最高管理者的职责。在具体操作上，通常是最高管理者会同市场、研发、采购、生产等部门一同协商价格问题与措施，最后与市场负责人共同决策。

（64）销售最大化、费用最小化

内容提示

A "销售最大化，费用最小化"的含义、意义；
B "销售最大化，费用最小化"的实践方法。

（一）经营的本质规律

本条第一段论述了"经营的本质规律"。稻盛先生讲过，他起初对财务一窍不通，只能以单纯的方式理解经营。但他能够把复杂问题简单化，直击本质，并发现了科学性的"原理原则"：所谓企业经营，就是实现"销售最大化、费用最小化"。稻盛先生称之为自己经营理念的原点及经营原则，由此使得京瓷"在公司成立至今的 40 年间，一直保持不低于 10% 的税前利润率"。实践证明，这是京瓷持续高收益的法宝。

（二）突破常识，创造高利润

本条第二段讲了如何"突破常识，创造高利润"。在（53）"遵循原理原则"中，稻盛先生讲道"我们并不依赖所谓的经营常识"。那么，有哪些常识呢？

比如，行业利润率、季节性赤字。京瓷创立伊始，因为追求"销售最大化、费用最小化"，利润率高达 20%~25%。而大多数企业家局限于业内利润率幅度的常识，无法实现高收益。

此外，拘泥于行业费用比率、费用额常识或惯例，而不去降低它，也无法增加利润、创造高收益。而京瓷以费用最小化为原则，在既定价格条件下，努力降低各环节的成本。稻盛先生打比方说过，针对 100 日元的原材料费，要审视其本源——"能用 5 日元把它做出来吗"，进而研究出全新的制造方法。

（三）经营工作发力聚焦点

本条第三段聚焦了经营企业的具体目标——实现

"销售最大、费用最小"。

前述经营新鲜果汁专卖店的小野寺塾生，在开到第8家分店时，加入了盛和塾。他们为彻底谋求店铺面积的效率化，将学到的"销售最大化、费用最小化"作为研究改善课题。员工平均身高和步幅被量化测算，并得出设计规则，使店面更加紧凑，提高了服务速度。刚创业时（10平方米）一天有80个客人就很忙，现在一个20平方米的店铺一天可以招待4000名客人，平米效益大大提高了，从8客/（平方米·日），到200客/（平方米·日），从而实现了销售最大化。

而在费用最小化方面，他们的抓手是举办"损益表报告会"，让大家共同了解各分店的盈亏情况，以提高店长与员工的核算意识，并鼓励大家积极参与经营。伴随工艺过程数据化、标准化工作，全面降低材料损耗。他们可量化到切一个水果需要切几刀，还以1克为称量单位决定水果的最佳分量。其结果不仅防止了浪费损失，损耗率仅有0.1%，还提高了果汁的质量。有一位店长为了减少水费，竟然到其他地方去取水，后来才知道，是水表出了错。

（65）每天都进行核算

内容提示

A "每天都进行核算" 的必要性；

B 如何用数字经营企业。

（一）每天的数字是飞机仪表盘

本条的要点内容是："在经营中，如果不看每一天的数字，就像不看仪表盘驾驶飞机一样，不知道飞机飞往何处，在哪里着陆。不看每天的经营数字，就不可能达成经营目标。"

本条以开飞机为比喻，每天的数字是飞机仪表盘，每天核算就是看着仪表盘开飞机。当天数据指导当天或次日经营。同理，以上个月的结算数据来指导当月的经营活动。为此，当月结算必须在下月一周内完成，越早越好。如果第十天完成，一个月已耽误十天。稻盛先生称这种经营方式为"用数字经营企业"，并在2017年第25届盛和塾世界大会上以此为题发表塾长讲话。本条在工作中的运用范例，请看时任广州越界服饰公司营销中心经理闵兆红女士的分享：

针对管理客户店的销管中心，我能进行每日核算的是：月进度比实际完成率、月环比、年对比等升跌情况，并对单店做经营沟通，以提高成交率，达成高完成率。

比如：月进度比实际完成率（即月进度与实际完成率做比较）。月进度计算：一个月30天，百分率为100%，那么用100除以30天，1日的进度等于3.33。比如今天是12日，今天看月进度，只能看1至11日的。那么，11日的月进度为3.33×11＝36.6%。

如果某家店铺的完成率未达到36.6%，就要沟通原因，从人、货、场，到激励方案等角度进行分析，了解下跌的原因，及时进行沟通调整。如果超过40%以上的，也要进行沟通，了解做得好的原因，多借鉴好的地方，再推行到其他店铺实施。

但如果是更加精准的核算，还要与客户店一起做综合核算：比如成本、租金、水电、人工、日常开支等。结合这些成本来进行每日经营核算，重点是一抓核算销售利润，二抓日常及人工开支。二者加起来才能很好地发现开源节流的问题，从而达到提高销售、减少费用的真正目的。

以上核算指标，就是服装行业零售部门的仪表盘。管理客户店的销管中心已经开始了数字经营的实践。

（二）"每天"与"做核算"之含义

每天都进行核算，要点在于"每天"。这符合稻盛先生一贯的思维方式，如"认认真真地过好每一天"。"天"是最小的经营、乃至人生的把控单元，以当下的努力把握未来。稻盛先生在对本条的解读中，也特别指出："经营者必须以'天'为单位，脚踏实地地努力奋斗。"这就是稻盛先生特别强调的——要用意志"做核算"，即每天想方设法、竭尽全力地挑战高目标，用行动来改变数字。其所举"做豆腐"例证，非常生动，具体请大家阅读《京瓷哲学》。

（66）贯彻健全资产原则

内容提示

A "不良资产"的含义；
B 健全资产原则实施要点。

（一）筋肉坚实的经营原则

本条在稻盛先生《稻盛和夫的实学：经营与会计》中称为"筋肉坚实的经营原则"，并有详细论述，请大家做延伸学习。基于企业要长期持续发展的思考，稻盛先生把企业比喻为人体，认为健康人体的特点是"血脉通畅、肌肉结实、充满活力"，而企业则必须"没有赘肉、筋肉坚实"。为了做到健全资产的要求，稻盛先生在书中归纳了如下五个要点：

①使用二手设备降低生产成本：量力而行、讲究划算，避免虚荣和过度的设备投资。

②坚持健全会计——陶瓷石块论：失去价值的备用品和商品，属于不良资产（赘肉），必须及时处理。

③警惕固定费用的增加：警惕设备和人员方面的固定费用增加。

④不投机——额头流汗换取的利润才有价值：投资是投下资金并通过汗水获取利润，而非不劳而获。保本是运用剩余资金的最大原则。投机获利没有为社会创造价值。

⑤即用即买：购买真正需要的数量。

（二）果断处理不良资产

本条的实践通常从库存盘点开始。几乎所有企业都不同程度地存在不良资产问题。有经营者学习了这一条之后，立即在公司进行仓库盘点，结果发现有近千万元的无用库存，就像稻盛先生提到的"陶瓷石块"，都是已经失去生产使用价值的库存原材料、滞销品、无用设备等，并果断处理。

（三）避免盲目上新设备

企业常会在资金不足、订单不足的情况下，靠贷款购买新设备，导致设备投资无法回收，甚至亏损倒闭。

在一次塾长例会上，松冈塾生向稻盛塾长提问："由于株式会社 PRINTER 的订单增加，我想提高生产能力，因此想以 3.5 亿日元购买最新的轮转印刷机。但是购买资金基本都要通过借款来筹措。您认为应当如何呢？"当时稻盛塾长建议："公司成长很好，但不能膨胀。首先要提高现有设备的生产效率，认真做好现有订单并进一步增加订单，积累自己的资金，有充分把握后再购入设备。"因此他不再考虑购入设备，而是按照塾长的教导认真努力地工作。在实在无法满足生产需求的 2016 年，通过节能补助金，以实际一半的价格购入了轮转印刷机。他说："多亏了塾长，设备也顺利地购入运转，订单也得到了进一步提高。这正是销售最大化，费用最小化。如果那个时候没有塾长的建议，自我膨胀后会陷入糟糕的境况吧。"

（67）能力要用将来进行时
内容提示

A 能力的成长性；

B 面对困难的意志。

（一）制定挑战性目标

本条开篇就给出其具体实践方法——将目标设在自己能力之上，然后去提升能力。

京瓷的研发制造能力，就是靠着这条哲学而持续进步的。京瓷自创业起，总是接受超出现有能力的订单，即所谓"撒谎得订单"。为了说服大家接受并完成超出现有能力的订单，必须对部下做思想工作。稻盛先生说："为了让技术员接受我的想法，我开始对他们宣传'能力要用将来进行时'，这便是该理念的开端。"稻盛先生还说道："凭借咱们当前的能力，的确难以实现。但接下来的3个月内，通过反复实验，能力必会提高。"

稻盛哲学的这两段话，即是本条的由来，也是其意蕴。

（二）"我能"的精神

本条与"追求人类的无限可能性"相呼应，在日航哲学中表达为"能力一定会进步"。为了鼓励大家相信"能力一定会进步"，稻盛先生在对本条解读中，提出了"我能精神"，即：相信自己潜能、把自己逼入绝境、直面困难、追求成功，乐观、积极、自信的心态。当遇到重大困难时，本条可以表述为"认为不行的时候，正是工作的开始"。请见第六章该条解析及案例。

（68）目标要众所周知，彻底贯彻

内容提示

A 目标认同的意义与标准；

B 贯彻目标的机制。

目标管理

本条属于"目标管理"的范畴，并服务于"全员参与经营"。本条三段的主题分别是：

1.目标达成的必要条件：全员知晓目标，并当成自己的目标，即目标认同、心理上的接受。

2.目标认同的标准：当月的各目标数字，装进全员头脑，并随时对答如流。

当月常见目标有，销售额、生产总值、附加值、单位时间附加值等核算表上的主要数据。

3.目标认同的效果：在阿米巴经营机制中，通过目标认同，实现全员参与，统一方向、形成合力，最终实现目标、达成使命。

二、关于开展日常工作

（69）提高核算意识

内容提示

A 核算意识的含义；

B 核算意识的表现形式。

本条讲的核算意识也就是成本意识、成本思维，以期"收支平衡"，这是经营思维的底线。本条三个段落主题如下：

（一）核算意识的制度化

成本意识通过"单位时间核算制度"得以保障和实施，把人工费、材料费等成本要素"一目了然，事无巨细"地体现在核算表中。员工利用"核算表"，了解附加值和费用，并以经营者姿态，思考如何提高其所在阿米巴的"单位时间附加值"，在"销售最大化、费用最小化"的原则下，降低材料、时间等成本费用。

（二）核算意识的体现

成本意识的起点是，了解每个螺钉、别针之类小物件的单价及对员工每小时人工费的敏感意识。爱惜物品、点滴计较，如同松下幸之助先生"干毛巾拧出水来"的理念。

（三）核算意识的水平

将物品材料、时间看作金钱形态，是有核算意识的标志。稻盛先生在解读本条时，特别提道，"成本意识的培养，要从知道每个螺钉和螺栓的价格做起"。

日航重建的意识改革中，在一线职工中最显而易见的变化就是，核算意识的提高。在回答"名誉会长在这个企业三年，公司与员工的哪个地方是改变最大的"问题时，日航植木义晴会长回答道："用一句话概括——'核算意识提高了'，这样说大家应该很容易理解。"在日航一线，"一个袋子"与"一枚行李签"的价格都被标识出来，也使得相关员工主动回收，并产生成就感。[1]

（70）以节俭为本

内容提示

A 奢侈的危害与节俭的意义；

B 如何做到节俭戒奢。

（一）节俭是创业之本

以节俭为本是艰苦创业、企业从小到大的必要理念。此阶段的节俭为本，几乎等于上一条的"核算意识"或"成本意识"。而企业做大之后，稻盛先生继续强调节俭，则是从心性、品格角度谈核算意识，即以节俭的品格"把经费压缩到最小限度，是我们参与经营最贴近的方式"。换言之，企业如人，贫穷时节俭，是迫不得已，以求生存；而富贵后节俭，则靠品格，可求长久。企业无论取得何等成就，都不可忘本——创业之本。企业家无论多么成功，也不能忘记劳动者本色。

（二）俭以养德

根据本条文本及稻盛先生的解读，条文内容虽涉及"核算意识"，但其主旨是"俭以养德"，以避免由于成功而变得骄奢，并导致思维方式下滑及企业发展停滞乃至倒闭。人心易变，就变在"贵富而骄（奢）"，结果是"自遗其咎"。因此，稻盛先生指出"以节俭为本"是京瓷哲学的根基。

本质上，京瓷哲学就是道德哲学或者说京瓷哲学"以德为基"。而败坏道德基础的杀手就是"奢侈"。同时，俭朴能够维护道德的基础，正如诸葛亮《诫子书》所言："静以修身，俭以养德。"石田梅岩在《俭约齐家论》中指出："俭约就是得心之事，也就是齐家、治国、平天下。这不就是行大道吗？所谓俭约，究其实就是修身……所谓俭约没有其他的意思，只是要活得正直。"

二宫尊德高度重视节俭，其报德思想的实践法则就在"勤、俭、让"三字。他指出："无论多么富贵，都应以节俭立家风，严禁趋向奢华。奢侈是无德之源，也是灭亡之本。"《二宫翁夜话》记载了他对前来辞行的高野氏所做训诫："翁曰：我送你一个护身符。不是别的，是我做的一首和歌：'饭、汤、布衣、养身物，多余为我所不欲。'此歌虽不雅，但不要轻视。若希望身体平安，可恪守这首歌。"

这与稻盛先生自陈"劳碌且小气"的简朴生活观，尤其是"吉野家牛肉饭"的故事，何其一致！

（71）按所需数量购买所需物品

内容提示

A "批量低价"超需购入的危害；

B 靠制造获取利润。

（一）"批量低价"超需购入的危害

本条相关内容归纳如下：

①买得过多会不加珍惜并造成使用上的浪费；

②增加仓储费用；

③由于产品规格变更等原因，买进的材料会变得根本无法使用。

前述小野寺塾生，在第一次与稻盛先生见面时直接请教过关于进货问题。之后公司一个很大的变化就是停止了从总部统一批量进货，而是由各个分店负责人自己直接跟农家或者市场去采购。因为是员工自己去产地调查后采购的食材，所以会很珍惜。比起之前，新鲜度变好、浪费减少，成本率降低4%。

（二）靠制造获取利润

稻盛先生的一贯立场是"光明正大地追求利润"，反对投机获利，包括"低价批量超需购入"。所以不难理解本条"厂家就是厂家，应专注于制造业本身，要靠制造获取利润"。当然，流通企业则另当别论。

在采购上，制造业还需要具体问题具体分析，对于个别原材料则需要考虑"战略性采购"。在盛和塾青年创业导师公益课堂上，佛山川东磁电何华娟董事长分享了如下两种做法：

第一，内部有战略性采购，因为贸易战引起的电子来料受国外控制影响，就会多储备大概3个月的物料。因为物料从订单发出到回料，要6~8个月，所以只能用战略采购方式对待。

第二，常规的只能备半个月，或者备一批，不能买过多，哪怕很便宜。所以还是根据自己企业的情况，定好按需采购物品的合理数量。

（72）贯彻现场主义

内容提示

A 现场的价值；

B 解决问题到现场。

（一）现场在哪里

本条所谓"现场"，是汉语和日语独有的，就是问题发生的场所。"现"有出现、表现的意思，"场"就是场所，如现场直播、现场调查。

稻盛先生用"原点"表达"现场"，很有哲学意味。原点是根本、是本源。稻盛先生指出："物品制造的原点在生产现场、销售的原点是同客户的接触。"一切事情的原点都在它发生之处。

（二）解决问题到现场

本条第二段是本条的结论，要求："出现问题时，要到现场。在办公室空谈，解决不了问题。"这触及日本现场管理的特色——"三现主义"。它源于日本的制造业，也是丰田、索尼等日本公司的管理文化。

所谓"三现"，指的是"现场、现物、现实"。就是说，当发生问题的时候，管理者要快速到"现场"去，亲眼确认"现物"，认真探究"现实"，并据此提出和落实符合实际的解决办法。

（三）现场是座宝山

第三段以"现场是座宝山"来形容其重要性，并提出两个原因：第一，现场蕴含的第一手信息是解决问题的关键；第二，经常去现场可以获得意外启示，更好地完成工作。相关案例详见稻盛先生对本条的解读。

（四）不在现场也要有现场感

稻盛先生一向重视现场，即使不能直接经历，也要间接还原，尽可能推测和掌握现场。方法如下：

1. **通过数据**：稻盛先生看报表，能够力透纸背，数字浮现出现场人员的面孔。

2. **通过思考**：深思熟虑到看见结果。通过推理、想象，提前去现场。

3. **通过询问**：在研究价格问题时，除了亲自去客户那里核实情况外，还要仔细询问业务员，以准确把握现场。

（五）先坐到卡车的副驾位

日本塾生藤尾秀树以接班人角色进入了一家运输公司。在一次盛和塾联谊会上，他得到了稻盛塾长的指导："不要想得太复杂，先坐到客车的副驾驶座位上，和司机一起感受一下运货的感觉。"

于是，他第二天就开始对全公司的330位司机实施了这种方法。他每天轮流坐在不同司机的副驾驶座位上，偶尔交替开车，有时候住在一起。通过掌握所有司机的性格及其工作的质和量，他逐渐能看清现场的问题和不足。比如，将车上卫生保持得较好的司机事故概率很低，而不注意车上卫生的司机、不爱惜车辆的司机事故概率较高。于是他彻底推行了类似"贯彻完美主义"、"打造全新产品"的 5S 活动，引入坐禅培训，推出对新车和旧车传达感谢之意的新车仪式和退车仪式等多项措施，使得公司的年度事故数量减半。2019 年他发表报告时，每辆车的年度事故概率为 3.9%，远远低于全国水平的 9.8%。他从中学到的是："经营不是靠坐在办公室烦恼，首先要贯彻现场主义。"

企业最高经营者在注重现场的同时，还必须保持"微观与宏观"的"两极兼备"，同时具备战略与全局意识。

（73）重视经验

本条含义同（23）实践重于知识，解析见该条。

（74）制造完美无瑕的产品

内容提示

A "完美无瑕" 的含义；

B 如何做出完美无瑕的产品。

（一）"完美无瑕" 的含义

为了避免抽象，稻盛先生用比喻 "就像崭新的钞票，看上去就让人感觉到锋利，手感舒服——会划破手" 解释 "完美无瑕"。稻盛先生对 "完美无瑕" 的境界做了具体界定："眼前摆的东西太出色了，令人着迷。人们对它怀着憧憬、敬畏之念，不忍心用手玷污它。要确信自己一定要做到 '已经最好，好得不能再好了'。"

针对一款陶瓷材料半导体集成电路的研制样品，稻盛先生曾指出："功能出色的产品，其外观也必须出色。" 其哲学意味是 "功能与外观的辩证统一"。他又以棒球运动为例，指出 "优秀选手往往姿势优美。产品亦是如此，优良的产品势必应该具备相应的 '气质'"。这是稻盛先生独特的 "质量美学"，体现了真与美的统一。稻盛先生进而提出了京瓷的质量原则——"性能优秀、外观精美"。

"自古以来，日本就是一个风景优美的岛国，人们亲近自然，认为'美的事物'是无垢的，是神圣的。"[2]此"无垢之美"或许是"完美无瑕"产品的美学解读或社会文化背景。

（二）物映心地

日本学者铃木范久先生指出："禅佛教思想，特别是其'一如'的思想，对日本产生了很大的影响，形成了独特的文化。"[3]这个"一如"，也就是"不二"，是禅宗哲学的核心特征，在工作当中就是"心物一如""心物不二"。

稻盛先生认为，日本人高超的器物制造技术，源自日本"物心一如"的世界观，并指出"心就是制造出的器物本身，或者是制造器物的道具本身"。本条也特别指出："产品能够反映出制作者的心地。心地粗糙的人制造出来的东西是粗糙的，心地细腻的人制造出来的东西是细腻的。"为了把事情做精细，必须把心变细腻，并形成一致性的习惯或性格。

心细的锻炼方法可从"自心"——"息"，即呼吸入手，使其匀细，同时配合"有意注意"的训练，并严格遵循完美的工艺流程与标准。

（75）倾听产品的声音

内容提示

A 为何倾听产品的声音；

B 什么是倾听产品的声音；

C 如何倾听产品的声音。

（一）"倾听产品的声音"的由来

根据稻盛先生的解读，本条哲学来自精密陶瓷的工艺特点和京瓷对提高良品率的努力。先生讲过，电子精密陶瓷对制造精度要求极高，制造过程中的温度、收缩率、杂质等变数多，当时尚无现成理论知识做支撑，只能靠现场观察而产生的经验。稻盛先生说："我就是这样，一边拿着放大镜，一边认真观察各处细节。通过这种方式，倾听产品的声音。"

稻盛先生由"观察"上升为"倾听"的关键是"用心"，正如"庖丁解牛"时"不以目视而以神遇"。目视，是眼睛的观察；神遇，则是心的倾听。即首先借助肉眼，当肉眼及相关意识用到极点并停止时，心眼打开，问题真相呈现，用稻盛先生的话说，是以"产品哭泣"的形式呈现。

（二）"倾听产品的声音"的定义

分析了该条目产生的具体过程之后，便可以做一般性定义，以使之具有普遍意义。所谓"倾听产品的声音"，无论制造业还是服务业，就是对工作对象及工作过程，充分调动眼耳等感觉器官，同时用心觉察和观照事物的真相及其内在规律，发现并解决问题，直至生产出完美无瑕产品的工作过程，也是特殊的专业能力和匠人境界。

（三）实践要点

根据本条内容、稻盛先生的解读以及前面有关分析，"倾听"的前提或实践要领归纳如下：

1.客观观察

"不报成见、偏见、谦虚地观察事物的真实状态"，采取"无我"，破除"我执"的客观状态。这也就是松下幸之助先生所谓"素直之心"，或译为"坦诚""率真""纯真"。

2. 科学观察

在解读本条时，稻盛先生以非晶硅硒鼓的研发为例，强调了系统而持续的科学观察，并得出可重复的结论。"可重复"恰是科学命题的特征。同时，观察必须是敏锐的，不放过细节的，并可以"倾听声音"为喻。稻盛先生认为，一切发明发现都是敏锐观察的结果。

3. 愿望与努力

稻盛先生在解读本条时讲了两个案例故事："压物止翘"和"抱着产品睡"。最后总结出，强烈的愿望加上极致的努力，才能听到产品的哭泣声并产生灵感。

4. 对产品的爱

稻盛先生认为，"对于自己制造的产品倾注无尽的爱"，才能"抱着产品睡"并听到产品的哭泣声。母亲能够照顾好孩子，尤其是不会讲话的婴儿，就是从其表情、屎尿颜色气味中了解其健康状况。这证明了对产品、服务过程及顾客倾注爱的必要性。当然，对服务业不能直接套用"抱着产品睡"，可以表达为"倾听顾客的心声"或"以顾客视角观察"（见《日航哲学》）。

在本条的解读中，稻盛先生还提出了"损耗并非理所当然"。在此，"损耗"可以理解为放任产品损耗并哭泣。如果带着对产品及原材料的感情，就可扭转这个状态。

5. 提高敏感度

与敏锐观察相关的能力，是个人的"敏感度"。敏感度越高就越能发现异常现象。正如影视作品所描述的，优秀的特工无不具备超乎常人的敏感度。这需要训练，并在工作中养成。而研发人员、医生等所有岗位也堪称"特工"，要对本行业的现象具备专门敏感度。讲师对听众是否在听、是否认同、是否听懂，也需要敏感度。专业厨师对食材、火候也必备敏感度。它靠长期认真观察养成。全国劳模、动车检测专家唐云鹏根据动车的晃动、声音就能预感到车况异常。

稻盛先生在解读本条时，还讲了"井井有条之人才能发现问题和异常"。讲秩序之人，"身心境"处于和谐关系中，也习惯于和谐的外部环境。一旦外界反映出的视觉、听觉、味觉等认知有不和谐现象，就能发现问题和异常。稻盛先生也例举了自己对机器声音、桌子上摆放物品的敏感度。老子说："和曰常"，异常则失和谐。各项工作所追求的完美就是和谐，如同交响乐。我们在生活、工作中，需要追求秩序，如书本、衣物、工具的摆放。我们要克服见乱不怪的习惯，并培养自己的秩序感及对美的追求，把工作、生活审美化。

（76）贯彻一一对应的原则

内容提示

A 什么是"一一对应"；

B 为什么"一一对应"；

C 如何做到"一一对应"。

本条又是稻盛哲学追求事物本质的体现——求真。通过一一对应，反映事物的真实性。它从属于"遵循原理原则"的实学原则，侧重"如何正确做事"。

（一）什么是"一一对应"

所谓"一一对应"是在工作中，"票据—物品—金钱"之间的严格同步对应，不允许其中任何一项单独变化。比如：现金进出，必须有票据；货物进出，也必须有票据；开具进出票据，必须有物品／金钱的进出。这样才能体现真实的经营过程。

根据本条论述及举例，稻盛先生强调的一一对应原则主要涉及的方面，梳理如下：

①有票据才能动用现金／物品，即现金／物品与票据的一一对应。

②对现金／物品确认后，才能做票据处理，即票据与现金／物品的一一对应。

③售出货物后，必须有收货票据凭证，避免催收货款无凭证。

④货款与货物一一对应，不能笼统付款／记账，避免财务管理混乱。

⑤有票据往来必有实物进出，不可操纵票据和账目，避免作弊。

⑥有销售必有进货票据，销售和进货一一对应、利润和销售额一一对应，并避免利润波动假象。

⑦应收账款的钱，要与售出的产品一一对应，入账并核销。

⑧收益性指标和产生收益所花经费正确对应，并进行核算管理。

（二）"——对应"的作用

根据稻盛先生的解读，"——对应"的作用梳理如下：

1.维护风气："——对应"的原则能够提高透明度，能防范违规舞弊，并维护企业诚信风气。

2.数据真实："——对应"的做法可以确保经营数据（"飞机仪表盘"）正确准确，体现经营实际，服务于经营决策。

（77）贯彻双重确认的原则

内容提示

A 为什么要"双重确认"；

B 如何实践"双重确认"。

（一）"双重确认"的必要性

"双重确认"是通用的管理方法，针对容易出错的工作事项，设置两个以上部门、岗位或人员进行审核。其最基本的作用是避免人为无意的、有意的错误。而在稻盛哲学体系中的"双重确认"，则是稻盛先生基于人心的脆弱，为了保护员工不犯错误，饱含爱意的制度安排。它往往与"一一对应"同时使用，维护企业健康而正义的文化。

进而言之，双重确认就是一个多方监督、预防贪腐的机制。根据稻盛先生的心灵结构图，人心中住着一个好人、一个坏人，邪恶之心具有出现的可能性，此即村田老师所谓"鬼屋"，是罪犯的基因。大家可能多次听到过比如公司人员私售产品、利用差价权牟利等贪腐行为。哲学让人不想腐，机制让人不能腐。与国家层面或国企反腐同理，企业也需要在双重确认基础上，建立系统的监督、审计、举报机制。

（二）双重确认的运用

关于双重确认的运用场景，稻盛先生在《稻盛和夫的实学：经营与会计》中例举如下：

①进出款项的处理；

②现金处理；

③公司印章管理；

④保险箱的管理；

⑤购买手续；

⑥应收款、应付款的管理；

⑦废料处理；

⑧自动售货机、公用电话的现金回收。

企业可根据自身业务特点，设置需要双重确认的事项，如黄金珠宝行业领料时的多重确认、教育行业重要考试的多重阅卷。

（78）要把事情简单化

内容提示

A "复杂化" 的假象与危害；

B 如何做到 "简单化"。

（一） "复杂化" 倾向

本条首先指出了一种复杂化的倾向："我们往往有一种倾向，就是把事情考虑得过于复杂。"这是当今的一种社会现象，也是一种异化。人类创造了现代化，又被现代化所压迫。信息社会、知识爆炸、学术繁荣，新名词、新理论层出不穷，管理理论在不断丰富的同时，也呈现了复杂化的趋势。食品、服装等消费制造业的发达，也使得生活在丰富的同时，变得复杂化。

杰克·韦尔奇在接受《哈佛商业评论》采访时指出：

缺乏安全感的经理制造复杂。受惊吓的紧张的经理使用厚厚的令人费解的计划书和热门的幻灯片，里面填满了他出生以来知道的所有东西。真正的领导者不需要混乱。人们必须自信，保持清晰、简洁，以确保他们组织中的每个人——从最高层到最低层——理解业务目标。但是这不容易。你无法相信让人们变得简单是多么困难，他们是多么害怕变得简单。他们担心如果他们变得简单，人们会认为他们头脑简单。当然，实际上刚好相反。思路清晰、注重实际的人是最简单的。[4]

稻盛先生也同样批评那些把问题复杂化的人，认为"这样的人往往自己也是一知半解，算不上真才实学"。

（二）大道至简

物极必反，"简单化"正成为一种新哲学——管理哲学、生活哲学。稻盛经营哲学的伟大和力量就来自简单，并首先体现在语言上。稻盛先生的文风朴素平实，都是大白话、大实话，一听就懂，一用就灵，下接地气、上连天理。语言是思维的工具，简单的语言可以直击事物本质，而"复杂的语言会蒙蔽人的心智"[5]。

所以本条指出："为了把握事物的本质，就有必要把复杂的事情简单化。把事情看得越简单，就越接近事情的本来面目，也就是说，越接近真理。"这是一个重大的哲学命题，即"大道至简"。

《周易·系辞》曰："乾以易知，坤以简能；易则易知，简则易从。"稻盛经营哲学就是"易知易从"的高层次哲学。

真正的哲学就是通过把事情简单化而揭示事物的真相或规律。稻盛经营哲学就是如此。稻盛先生在此举例"销售最大化，费用最小化"。而全部京瓷哲学都是把经营中事情简单化的结果。这也是先生一直在追求的。

作为京瓷哲学最后一条，我们可以回顾前面的所有条目，都是把复杂问题简单化的表述。经营十二条、会计七原则、经营三要诀、"作为人，何谓正确？"、成功方程式，都是复杂问题简单化的体现。重建日航的原理也十分单纯。

（三）如何简单化

稻盛先生指出"把事情简单化是近乎直觉的分析能力"，是以知识及理性思维为基础的智慧观照抑或慧智双运。因此，先生在解读本条时提到了"静心明心—打开心眼—真髓自见"的认知路径。换言之，"把事情简单化"就是（15）"探究事物的本质"，其内在逻辑一致（参见本书第六章该条解析）。

该认知路径就是《大学》所谓："知止而后有定，定而后能静，静而后能安，安而后能虑，虑而后能得。"得的就是化繁为简的认知、真相的观照。因此，稻盛先生倡导企业家修炼"静心明心"的功夫，每天至少一次。

为了让大家做到"简单化"，稻盛先生在解读本条时，还讲了"通过增加一维，使复杂问题简单化"。所谓"增维"，可以理解为视角、视野的丰富和境界、水准的提高，并与知识和智慧、心性有关。数学家广中平佑通过增加维度解决数学难题，靠的是知识、智慧。而稻盛先生倡导和践行的"无我""利他""为社会为世人"也是增维。提升心性境界，可简化看似复杂的商业行为，省去了算计与烦恼。

导入篇

第九章 《企业哲学手册》与哲学导入（上）

学习哲学的目的是实践，而其中一个基础环节就是编制《企业哲学手册》。通过编制《企业哲学手册》，将稻盛哲学或京瓷哲学转化为自己的哲学，从而实现哲学共有和落地实践。其作用可以归纳为："食稻有化、哲学有谱，语言共同、思维同频。"

在第 24 届世界大会上，首位发表者岩永弘志塾生曾经遇到名为《江崎宗旨》的哲学理念手册。看到其中内容，他受到震撼并开始起草自己公司的哲学手册，随后加入了盛和塾。他系统地聆听塾长报告 CD，不知不觉间塾长的话渗进心里。他把这些话的精华转化为自己的语言，逐渐地也把自己公司的理念充实起来，然后再实施哲学共有，并取得实效。稻盛塾长对他的发表进行点评："我希望今天在座的灵魂之友们，听了您的发表后一定要把（我的）哲学做成适合自己公司的哲学，与员工共享，如同岩永先生说的那样，通过哲学的普及把公司做得越来越出色。"

所谓《哲学手册》，是企业哲学理念"系统化明文表示"的载体。经营企业的理念，必须做文字化提炼和昭示。稻盛先生曾谈道："正如家训一样，我认为要将发展公司事业的做法以文字明确展示出来，这是事业可以传承的首要条件。同时，有没有能够严格恪守此理念的继承人，决定着该事业是否能够存续。"[1]

以上只是《哲学手册》的一般意义，而编制《哲学手册》的本质意义则是在建构哲学体系的同时实现文化再造。

一、哲学手册结构与编制程序

（一）京瓷哲学手册结构推测

探讨《哲学手册》的结构，首先要从《京瓷哲学》谈起。京瓷哲学的结构，可以从两部分来整合并推测。

其一，是 2014 年京瓷创业 55 周年之际对外公开出版的《京瓷哲学》，其中文版由东方出版社于 2016 年出版。其二，是京瓷官网最新的"社训·经营理念·经营思想"。"京瓷哲学手册结构推测示意"，见本书附录 5。

（二）哲学手册一般架构

在京瓷哲学原型基础上，进一步归纳，可以推演出基于京瓷哲学的"哲学手册一般架构"，见附录6。横栏是哲学的结构范畴："题—纲—目—条"。"题"分为"根文化"、"主文化"和"基文化"。京瓷的社训，属于"根文化"，是企业的信念，相当于沙因教授睡莲模型的"根"。京瓷的"经营理念"即"企业使命"。"以心为本的经营"在京瓷曾被称为"经营方针"。于是，"企业使命"、"经营思想"和"经营方针"，属于"主文化"。而哲学的主体部分，称为"基文化"，由"纲""目""条"三层次构成。其中的"目"是哲学部分独有的结构范畴，不针对根文化和主文化。

（三）哲学文化手册通用架构

结合中国企业的企业文化体系的内容及语言特

点，可以进一步建构"哲学文化手册通用架构"，见附录7。通常的企业文化手册，主要内容是"主文化"和"子文化"。而基于京瓷哲学的哲学手册，主要内容是"根文化"和"基文化"。于是，通常的企业文化手册，加上"根文化"和"基文化"，使得企业文化有了"根基"，并升级为"哲学文化手册"，或广义称之为《哲学手册》。企业文化体系中的主文化，其核心内容是"使命""愿景""价值观"，简称MVV（Mission\Vision\Values）。很多中国企业的企业文化主文化部分还有"企业精神"，以及一些个性化的内容。"子文化"部分主要是各类经营管理理念，有综合性的，也有职能/专业性的，有关示例及企业哲学文化体系总体构成，见图9-1哲学文化通用谱系图。

《哲学手册》编写的技术路线是"食稻有化、哲学有谱，原浆勾兑、模板浇筑"。所谓"原浆"是对"京瓷哲学"的比喻，要把京瓷哲学的共性内容，结合行业和企业特点，进行转化，并同时催化出自己的哲学。

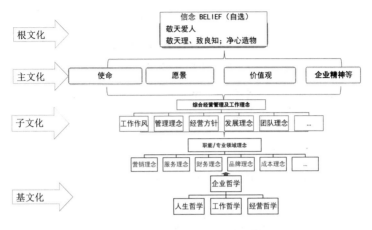

图 9-1 哲学文化通用谱系图

（四）《哲学手册》编写程序

图 9-2 《哲学手册》编写程序

《哲学手册》编写程序见图 9-2。编写《哲学手册》的第一步是，精读《京瓷哲学》即"食稻有化"，充分消化理解《京瓷哲学》，并与自己行业、企业及本人进行连接。第二步是对自身及环境进行诊断分析，以提高哲学建构的针对性和战略性。作者提出了基于战略分析工具 SWOT 的 SWE 诊断分析工具。第三步是哲学架构设计。架构设计定稿之后，进行条目阐释。最后是排印发布。

后面分别详述《哲学手册》编写程序中几个关键环节的具体方法。

（五）哲学体系与内容的质量标准

根据多年来辅导企业编写《企业文化手册》和《哲学手册》的经验，在手册的质量上如下十项常见问题需要注意。

1. **完备性**：体系与内容不能有缺项、漏项、重复项，见图 9-1 "哲学文化通用谱系图"。

2. **正确性**：标题、概念的规范性，如"愿景"不要和"使命"混淆。同时，还有架构设计及条文内容的逻辑准确、清晰。

3. **准确性**：在文化调性和内容上，体现企业自身原生态文化基因、气质特色及其具体特点。

4. **开放性**：引进必要的古今中外优秀文化资源，

打造优势文化合金。

5. **适应性**：适应所在行业及本企业的特殊性。

6. **针对性**：针对本企业当前的战略、任务及存在问题。

7. **思想性**：整体上要具备一定的人文底蕴，体现人类思想文化精髓。

8. **简洁性**：在子文化和哲学的条目数上，在合用、够用的基础上，尽量简化、聚焦重点。子文化最好不超过 10 条，基文化最好在 50 条以内。

9. **可读性**：语言上要朴素、平实、接地气，能够易懂、易接受。

10.**独特性**：哲学的体系和语言上要有个性化的特色。

二、《京瓷哲学》精读方法

哲学建设参与者精读《京瓷哲学》80 天，自序 / 推荐序、提高心性各占一天，加上 78 条，一共 80 天，打卡进度表，见附录 8。通常是每周一至周六读书，周日及国家法定节假日休息。值日生于值日当天早上

8 点之前将原文诵读语音及自己的打卡文字分享发至群内，其他成员于当日 24 点之前打卡，打卡格式见图 9-3。设置学习委员，每天公布值日与打卡统计，并执行奖惩措施（奖励为主）。

```
姓名：
日期：
条目：
1. 内容概述／摘录
  （1）菜单式：列出要点
或（2）WWH 式：是什么、为什么、怎么做？

2. 读书感悟
  本条感悟点，要由心而发，走心、有触动。

3. 企业／个人检视 - 运用率
  针对个人和公司，照镜子：总结正反经验，印证、反省与改进，
必须连接个人工作与生活，针对具体的人和事，避免空谈、走过场。
```

图 9-3　读书打卡格式示意

在读书打卡过程中，还要配合举办哲学报告会，进行分享交流，更好地促进学习与践行。通过通读《京瓷哲学》可以起到思维同频的作用，还可以起到边读书、边落地的效果。

2020 年 1 月 9—10 日我在北京果多美水果连锁超市（以下简称"果多美"）做了两天的"京瓷哲学解

读"讲座之后，公司建立了编写组，并启动了《京瓷哲学》读书活动。在 1 月 29 日，新冠肺炎疫情日趋严重，张云根总经理发表了《致全体员工一封信》，号召大家立即结束春节假期，回到工作岗位，抗疫保民生。在特殊的抗疫战斗中，果多美的伙伴们更深刻地体会、印证和践行了稻盛哲学，即《京瓷哲学》。疫情中，他们感受到了大义名分的力量——"有了大愿，我们的孩子变得内心光明了，不再一味恐惧疫情、不再觉得简单工作痛苦了，反而浑身斗志。也打开了孩子们紧锁的心。"他们践行了"具备真正的勇气"——"不是我们不怕死，只是责任让我们无法回避。不是我们不害怕，是使命让我们必须向前。果多美将始终坚守在抗疫一线，保民生保供应"。他们体会了"动机至善、私心了无"的"善因"所导致的"善果"——"'民生企业、良心企业'等好评如潮，我们也能够在这场大灾难之下免遭灭顶之灾。""种善因、果多美"后来也顺理成章地被提炼为果多美的"企业信念"。之后的 4 月份，果多美启动了第二轮店长骨干的《京瓷哲学》打卡学习，并在疫情中坚持每周的全公司线上"哲学报告会"。

因为有了哲学，果多美在疫情中的表现，正如张云根总经理 2020 年 4 月 16 日在"果多美京瓷哲学学习表彰会"总结发言中指出的："门店状态达到历史最好，顾客满意度达到了历史新高，核心管理层热情和方式达到了最佳，总体方向更加清晰了、目标更加聚焦了，内部沟通、决策效率得到前所未有的提升，经营在快速恢复。"

透彻地学习和践行，也为果多美后期编写《哲学手册》打下了坚实的基础。

三、SWE 诊断分析方法

我在辅导编制企业哲学文化手册的过程中，基于成熟的 SWOT 分析法，开发出了企业文化诊断 SWE 分析法的工具，自使用以来，简单有效。

1. 从 SWOT 到 SWE

三维文化（SWE）分析模型，是基于 SWOT 架构的文化战略分析方法，即"企业文化 SWOT 模型"，具有战略分析的意味，见图 9-4。

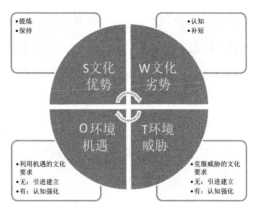

图9-4 企业文化 SWOT 模型

S（Strength，文化优势），也就是文化上的优点，需要提炼和保持，是让企业发展和进步的文化，在西方战略分析领域，通常称为"关键成功因素"CSF（Critical Success Factors）。

W（Weakness，文化劣势），即文化上的缺点，是阻碍企业发展和进步的文化，在西方战略分析领域，通常称为"关键失效因素"CFF（Critical Failure Factors），也可翻译为"关键阻碍因素"。

E（Environment，环境分析），分析环境的机遇O（Opportunity）与威胁 T（Threat），进而分析出其所要求的文化要素 EBC（Environment Based Culture），或称为战略性文化因素 SCF（Strategic Cultural Factors）。同时，企业的既定战略或当前主要任务所需要的文化，也需要同时进行分析，并统称"战略文化"。

于是，形成了"三维文化分析 SWE 模型"，见图9-5。所谓"三维"，即表示 SWE 三个维度。

图 9-5　三维文化分析 SWE 模型

2. S 优势分析

优势分析主要采取"归因"方法，先列出自身优势现象，然后进行文化归因，见表 9-1。如某餐饮企业的优势为"员工流动率低"，可归因为"关爱"和"公平"的文化要素。而"待遇好"仍是现象，属于归因不到位。对于某些明显的文化优势要素，可以越过归因，直接填入分析表，如"团结、敬业"。表 9-1 还有我辅导企业时的几个代表性例子。

企业自身优势与劣势分析的主要方面有：一般经营 / 组织管理、人力资源、产品 / 技术 / 生产、营销 / 服务、财务 / 会计五大维度。

表 9-1　文化优势归因分析表

现象简述	文化归因 / 要素关键词
—	可直接填入：团结、敬业
有位正直厚德的创始人	文化要素：正直、厚德
员工流动率低	归因：关爱（待遇好）、公平
客户稳定	归因：客户至上、重视质量
包吃包住	归因：关爱
相处愉快	归因：简单、朴实

为了便于开展文化优势分析，我提出了"文化优势分析辅助问题表"：

①企业发展到今天，是什么导致了它的成功或良好发展？

②企业的经营管理，哪些方面做得很好或较好？

③企业让员工舒服的氛围和现象是什么？

④员工能来企业工作，并留在企业，图的是什么？

⑤顾客/供应商对咱企业有哪些称赞、满意？

3. W 劣势分析

劣势分析仍采取"归因"方法，先列出自身劣势现象，然后进行文化归因，见表 9-2。如，某餐饮企业的劣势是"饭菜质量不稳定，比如咸淡、冷热、新鲜度等方面"，文化归因为认真、敬业、标准化不够。未来文化建设的对策是要建设"认真、敬业、标准化"的文化，在文化提炼上，属于"逆向提炼"。再比如，某企业文化劣势现象是"老板问责太多"，可以直接提出文化对策，建立"认可、公平"的文化。表 9-2 列举了我辅导企业时的代表性例子。

表9-2 文化劣势归因分析表

现象简述	文化归因/要素关键词	逆向提炼/补短
饭菜质量不稳定	认真、敬业、标准化不够	建立：认真、敬业、标准化
老板问责太多	—	建立：认可、公平
领导无方、没威信	—	导入"领导的资质"
只有讨好老板	老板没有做到平等待人	导入"重视伙伴关系"
沟通费力	缺乏"沟通文化"	建立"沟通理念"
办公氛围压抑、不活跃	缺乏人文关怀、幽默文化	建立"人性化、放松、有趣"文化

为了便于开展文化劣势分析，可使用"文化劣势分析辅助问题表"：

①企业发展到今天，本可以做得更好，是什么阻碍了其发展？

②企业的经营管理，哪些方面做得不好，或很不好？

③企业员工感到不舒服的氛围和现象是什么？

④如果员工可能会离开企业，是因为企业在哪些方面的问题？

⑤顾客／供应商对咱企业有哪些批评、不满意？

4. E 环境及对策文化分析

企业环境主要包括宏观和微观两方面。宏观环境经典的是 PEST 模型，即政治－法律、经济、社会文化、技术，并需加上人口统计环境、自然环境及变化、国际形势、公共卫生突发事件等。微观环境主要是顾客、竞争对手、供应商、渠道商、股东等利益相关方。

上述环境要素对于不同行业的影响度和敏感性是不同的，要分析出对于本行业产生影响（机遇或威胁）的环境因素。比如，面对国家日益强化的生态文明政策，包装印刷企业需要导入"环保、可持续、生态、绿色"的战略性文化。面对"市场萧条、可供客户选择的竞争对手增多"的环境威胁，某制造型企业提出的战略性对策文化是"完美主义，精益求精，强化危机意识，提升研发理念"。表 9–3 是我辅导企业时遇到的典型例子。

表9-3 环境对策文化分析表

	机遇/威胁、战略/任务、问题与要求	哲学/文化对策
E 战 略 文 化	国家生态文明政策	环保、可持续、生态、绿色
	市场萧条，可供客户选择的竞争对手增多	完美主义，精益求精，危机意识，研发理念
	公司准备上市	彻底诚信、玻璃般透明的经营、社会责任
	物价上涨、人工成本上涨	提高核算意识、销售最大化、费用最小化
	海外（欧洲）拓展、国际化战略	文化国际化：尊重、规则、包容……
	疫情持续	大家族主义、点燃团队的斗志、成为开拓者

为了便于进行环境及相应的文化分析，可使用如下问题表。

（1）《核心环境分析辅助问题表》

①政治—法律环境对本行业/企业产生哪些机遇/威胁？需要哪些文化要素对应？

②经济环境对本行业/企业产生哪些机遇/威胁？需要哪些文化要素对应？

③社会文化环境对本行业/企业产生哪些机遇/威胁？需要哪些文化要素对应？

④技术环境对本行业/企业产生哪些机遇/威胁？需要哪些文化要素对应？

⑤人口统计环境变化，如老龄化、出生率变化等，对本行业/企业产生哪些机遇/威胁？需要哪些文化要素对应？

⑥自然环境及变化，如大气污染、极端气候，对本行业/企业产生哪些机遇/威胁？需要哪些文化要素对应？

⑦国际形势，如俄乌冲突、中美关系，对本行业/企业产生哪些机遇/威胁？需要哪些文化要素对应？

⑧公共卫生突发事件，如新冠肺炎疫情、猪瘟，对本行业/企业产生哪些机遇/威胁？需要哪些文化要素对应？

⑨顾客需求及变化对本行业/企业产生哪些机遇/威胁？需要哪些文化要素对应？

⑩竞争者动态对本企业产生哪些机遇/威胁？需要哪些文化要素对应？

⑪供应商、渠道商、股东等利益相关方动态，对本企业产生哪些机遇/威胁？需要哪些文化要素对应？

（2）《战略／任务的文化分析问题》

① 当前企业战略需要哪些哲学／文化要素与之匹配？如：国际化战略、新业务战略。

② 当前重要任务需要哪些哲学／文化要素与之匹配？比如：上市、并购某企业、质量体系认证。

5. 总结

经过上述 SWE 分析，将三个要素 SWE 进行汇总，形成汇总表，见本书附录 9。于是，企业可以清晰地认知自身文化的优势劣势，及需要导入的文化，并产生文化自觉。

在汇总的同时，需要进行逻辑上的梳理，合并同类项，挖掘核心的、关键的要素，并最终将 SWE 每项简化为 10 项之内，使之真正成为关键文化要素。

四、哲学架构设计

（一）"模板迭代"法

狭义的"哲学架构"设计特指"附录 7 哲学文化手册通用架构"中的"基文化"部分。至于主文化的 MVV，会在下一节探讨。很多企业已经拥有"企业文化手册",其"子文化"部分可以直接纳入架构表,并做必要的修改。还需注意"子文化"条目不要与"基文化"重复,比如"质量理念"和"基文化"中常见的"制造完美无暇产品"。如果"基文化"完全可以表达企业的经营管理理念,则"子文化"可以不做。

"哲学架构"设计的基本方法是"模板迭代",最基本的模板是附录7的"京瓷式模板"和附录10的"日航式模板"。架构设计流程见图9-6。首先选取模板,然后在上述SWE分析的基础上,有针对性地选取京瓷哲学或日航哲学原浆,并结合企业情况做转化改写和添加,然后继续在纲目条三方面持续迭代,直至产生符合自身文化原生态和行业特点的哲学架构与内容,这也是果多美的经验。

图9-6 哲学架构设计流程

下面以这两个模板为例，介绍架构设计流程上的方法。

1. 京瓷式模板

以"附录7京瓷式模板"为例，根据前述京瓷哲学三分法，基文化分为三个纲：人生哲学、工作哲学、经营哲学。

"人生哲学"分为最基本的两个"目"，作为初始设置，即"提高心性"和"思考人生"。我们可以从《京瓷哲学》的这两节中"选取原浆"。与此同时，可以添加本企业自有的相应哲学条目，如某公司采用此模板的架构设计初稿中有"修身养性，积善成德"，或者结合本企业情况对相应的原浆做改写，比如"动机至善、私心了无"，改为"动机向善、减少私心"。"工作哲学"部分的"目"，采取了最基本的两个初始设置——工作观/态度、工作方法/能力。我们可以从《京瓷哲学》的第2、3、4、5四节及《干法》等稻盛先生哲学作品中选择关于工作的论述，进行装配。

"经营哲学"部分的"目"，也采取了最基本的两个初始设置——经营原则、经营方法。我们可以从

《京瓷哲学》的第二、三、四章及《稻盛和夫的实学：经营与会计》、《阿米巴经营》等稻盛先生原著中选择关于经营实学的论述，进行装配。

采用原浆装配到模板，称为 1.0 迭代；在 1.0 基础上改写或添加称为 2.0 迭代；变化模板初始设置的"目"，为 3.0 迭代；变化模板初始设置的"纲"，称为 4.0 迭代。

此外，解析篇中涉及的表 3-1、附录 3、附录 4 合起来，形成的"人生—工作—经营"哲学逻辑结构扩展表，可以作为"附录 7 京瓷式模板"扩展表使用，更加方便。

2. 日航哲学架构

下面介绍日航模板，随后以果多美为例示范架构设计方法。

附录 10 是以"纲目条"结构范畴对日航哲学所做结构化解析。日航哲学的第一个"纲"是"为了度过美好的人生"。对于如此设计的原因，当时主持此项工作的大田嘉仁先生引用了稻盛先生的话："学习哲学绝不是为了提升公司业绩，而是为了让员工度过美好的人生。能够度过美好人生的优秀员工增加了，企业自然就会变得优秀。"[2] 而度过美好人生，则由前述京瓷哲学第43条的"人生方程式"来展开。因此，该纲的第一目（章）便是"人生方程式"，同时作为该目（章）之下的一条。第二目（章）是方程式的"思维方式"，共计8条，均选自京瓷哲学。但其中的第6、7、8三条，是对"思维方式"的广义运用，自有其特殊考虑。我们将其作为模板，必须弄清其内在逻辑。"人生方程式"的思维方式是个道德范畴，本质是"善恶"，有正负极，并从 –100 到 +100 计分。"在相扑台中央发力"属于"热情"或"工作方法"范畴，而"要把事情简单化"和"兼备事物的两极"属于思维能力和个性心理特征范畴。

其第三目（章）是方程式的"热情"，共5条都来自京瓷哲学，并在语言表述上有所加工改写。第四目是方程式的"能力"，共一条，也出自京瓷哲学。

日航哲学的第二纲是"为了创建一个崭新的日航"，共设五个目（章），其主旨及一般意义分别如下：

第一目（章）每个人都是日航：激发主人感，强调主动投入与责任担当。

第二目（章）提高核算意识：强调经营者意识、核算意识与效益意识。

第三目（章）齐心协力：强调心本经营，协作、合力与组织效能。

第四目（章）燃起团队的斗志：强调实现目标需要的意志、斗魂。

第五目（章）不断创新：强调进步、改善、开拓创新。

日航哲学共 40 条，有 36 条选自京瓷哲学，并且在条目表述和阐释上做了必要的转化。比如，"从顾客的视角观察"，可能来自京瓷哲学"贯彻顾客至上主义"和"倾听产品的声音"。

此外，结合行业特点、日航当时存在的突出问题，提出了四条独有项占 10%："每个人都是日航""受托珍贵生命的工作""最佳接力赛""决策果断，行动迅速"。

（二）果多美的哲学架构设计

果多美的总体哲学架构设计，主要是通过两次闭关研讨来完成的。第一次是崂山闭关会议 3 天，完成了 SEW 分析和 MVV。第二次是密云闭关会议 4 天，

完成了架构设计。下面侧重介绍其基文化的哲学架构
设计过程，见图 9-7。

图 9-7 果多美哲学架构设计流程

编写组成员分为 4 组，自选京瓷或日航模板进行
分组设计，然后大组交流、互相点评并投票评选优胜
方案，再次分组设计。第二轮交流评选，优胜方案为
日航模板。然后 4 个小组共同采用日航模板进行设计
迭代，其过程稿见附录 11。继续迭代设计定稿 61 条
并开始编写组打卡阐释。通过打卡阐释，进一步检视
修改架构与条目，最终简化至 39 条，并最终定稿，其
架构示意见附录 12。

我们可以看到，附录 11 的架构迭代过程稿，还有明显的日航哲学结构与调性特征，而其定稿则透彻地结合了企业原生态和行业特点。果多美的基层员工大都是朴素平凡的年轻人，他们怀揣着对美好生活的向往来到公司。如何引领他们成就美好人生，也就成为公司哲学工作的主旨。于是，手册的名称同时也是中心思想定为《果然不凡——果多美奋斗者成长手册》。其第一篇"平凡创造非凡"通过"人生方程式"展开。第二篇"共创伟大事业"的题目体现了"全员参与经营"是思想，并由三章展开："我们共创果多美""顾客成就果多美""经营强健果多美"，全面结合水果行业与果多美自身实际，比如"鲜度是果多美的生命线"。

果多美的哲学手册编写工作堪为典范。"《果然不凡》哲学诞生记"在稻盛和夫线上课堂播出后，引起广泛好评，听众纷纷索要其哲学手册以资学习。但必须注意：不可简单模仿。要明白其编写原理和迭代过程，而不可将其定稿作为模板直接套用。架构迭代设计过程非常烧脑，伴随大量的过程草稿和交流讨论、争论，很辛苦，但非常重要。它是自有哲学结构从无到有的生成过程，是不能省略或轻松草率应付的。

本节重点介绍了"京瓷式"和"日航式"两个基本哲学架构模板。大家也可以将"附录6哲学手册一般架构"中的基文化部分作为模板。

五、条目阐释方法

哲学架构定稿后，就要进行条目阐释。其目的是将京瓷哲学做行业化和企业化转化，同时也是对自有哲学的解读与深化。与此同时，通过阐释具体的哲学条目来统一思想，形成哲学共识。

（一）条目阐释的组织方法

1. 条目分配法

将条目按数量或性质比较平均地分配给编写组成员，分头阐释。然后汇总，并请所有人对每一条进行修改。并且在最后定稿前，编委对每一条的每个字，做"舌头测试"，反复朗读，反复修改。最后，由执笔人统稿、定稿。

2. 全员打卡法

全体编写组成员每日在微信群中打卡阐释一条，

同时由编委按照"目"分工，负责整合提炼其中的每一条。比如，"为伙伴尽力"这一条，28名编写组成员每人都要提交阐释稿，并由其所在"目"的责任编委把28个阐释（含自己的），进行整合提炼。然后，整合稿交由全员修改，再次整合定稿。最后，编委对所有条目做"舌头测试"，反复朗读，反复修改。最后，由执笔人统稿、定稿。

（二）条目阐释方法

条目阐释的内在逻辑是"是什么""为什么""怎么做"。而在具体行文时这三个要素未必有严格的次序排列，要自然流畅地展开。

《京瓷哲学》每条平均字数210余字，基本分为二至三段，无故事、无案例。详见《京瓷哲学》阴影文本部分。案例、故事可以单独编辑成册，作为公司的哲学手册辅助读物。

在哲学阐释的行文中，要体现稻盛先生所谓"言灵语魂"，注意用心，而非用脑。要走心，用心讲话、要朴素、平实、讲大白话。个别条目如果发现自己的阐释不济，可直接借用《京瓷哲学》的阐释，条目阐释范例见图9-8。

> **从顾客角度出发**
>
> 　　医药行业关乎生命健康，作为一名从事医药行业的仁参人，我们更需要站在顾客角度去了解顾客真正的需求，帮其解决身心健康问题，并且给出专业的健康指导，使其认可我们的服务。为顾客解决健康问题，是我们作为医药人的天职。能为顾客解决健康问题，是一件非常快乐的事情。要根据顾客的身体、健康实情、病况及经济能力，以对症安全用药为首推荐最合理的解决方案，绝不可出于利己的盈利动机，而推荐贵价药品和所谓套餐等套路。

图9-8　条目阐释范例

　　资料来源：广州人参医药连锁有限公司《人参医药哲学手册》，2019年。

六、排版印刷要点

（一）目录序号系统

　　架构表（通常用 Excel 表格）定稿后，要进入条目阐释环节，此时就可以衔接后期的排版格式。具体做法首先是采用 Word 文本，并开始做目录，并照此排版行文。

　　在排版环节要特别注意目录序号系统的合理设置。架构表的"根主子基"四个纲，分别用"第一部分"至"第四部分"列出。如果没有"根文化"或"子文化"，可相应减少"部分"的设置。

还要将架构表基文化中的"纲、目、条",转化为"章、节、条"。具体的序号使用,见图9-9。

第一部分　根文化—信念
第二部分　主文化—核心理念
1.使命
2.愿景
……
第三部分　子文化—经营理念
1.经营方针
2.管理理念
……
第四部分　基文化—企业哲学
第一章(纲)为了度过美好人生
第一节(目)成功方程式
1.(条)成功方程式
第二节(目)具备优秀的思维方式
1.(条)以"作为人,何谓正确?"进行判断
2.拥有美好的心灵
3.保持谦虚,坦诚之心
……

图9-9　哲学手册目录序号系统示意

(二)正文排版格式

基文化部分的"章、节、条、阐释"四个层次,要使用不同的字体、字号、加深或颜色要素加以区别。主文化和子文化部分通常有三个层次内容:条题目、条文、条阐释,也需要同样的排版处理,示例见

图 9-10。

安全理念［A：条题目］
严防严控，全面安全［B：条文］
　　安全理念指导和决定员工的日常行为，日常行为会形成习惯，良好的习惯会杜绝和降低事故的发生，保障员工幸福和企业健康发展。安全问题，需要严格预防、严格监控，并在如下五方面实现全面安全。［C：条阐释］

图 9-10　主文化和子文化的排版要素示意

（三）哲学手册主要排印设计要素

以下简单介绍哲学手册的主要设计要素，首先是结构要素：

1. 封面

封面的核心要素是手册名称，可以是个性化的，如"峰哲——峰汇企业哲学手册"。

2. 内页

内页通常放置"企业信念"，如"敬天爱人"。

3. 版权页

参照书籍，在扉页或尾页设置一个"版权页"，载有：顾问／指导，组织策划，主编，编委会，参与者列名，设计者，规格、字数、版次、印次、印刷等，公司全称、地址、电话、网址、二维码。

4. **总经理致辞 / 序言**

哲学手册的序言，通常是由企业一把手撰写的类似于宣言的文稿。其实，它就是该公司的哲学或文化宣言。在语言特征上，它是个演讲稿。在篇幅上，不可太长，最好不超过一页。通用电气 CEO 杰克·韦尔奇为《GE 诚信手册》所做序言堪为典范，读者可阅读参考。其主要结构要素：

（1）为什么要建立本公司的文化或哲学；

（2）本公司的文化或哲学的基本内容、特征及其由来；

（3）作为大家长、一把手，对全员在学习和践行该文化或哲学理念的要求；

（4）结尾处，鼓舞人心的激励语言；

（5）署名及日期；

5. **目录**（企业简介 + 正文 + 附录）

6. **企业简介**（含大事记）

7. **正文**（哲学架构表内容：依"根主子基"展开）

8. 附录

附录并非其字面含义，它是哲学手册的必要部分，通常包括：（1）稻盛哲学摘录：《六项精进》《经营十二条》《会计七要诀》《领导的资质》等；（2）圣贤语录、经典摘要：《大学》首章、《止书》等；（3）创始人语录、企业格言；（4）行为规范。

9. 封底

封底通常放置公司名称等识别要素。

形式设计要素有：

① 版本尺寸：通常是口袋书，具体尺寸可参照上衣口袋和手机尺寸。

② 插图：配合条目内容，通常有相机拍照、漫画、示意图形式。

③ 纸型：可根据行业特点和文化调性进行选择，如宣纸、亚光等。

其他方面的设计要素还有单色、彩色，精装、简装等。总之，哲学手册的设计体现企业的水准与境界，每个要素包括用词、标点符号、字体字号、页边距等细节都要追求完美、精心打造。

迄今为止，我协助编制的哲学手册设计最佳典范，是深圳峰汇珠宝首饰有限公司的《峰哲》，他们用金匠精神打造珠宝的功夫完成了哲学手册的排印设计。

第十章 《企业哲学手册》与哲学导入（下）

　　企业哲学手册的基本构造是 MVV+ 基文化（见附录 7）。"根文化"类似"敬天爱人"（社训）的信念的提炼难度大，一般企业可以不做。纯粹的哲学手册可以不做子文化。考察国际知名大公司，企业文化的构成要素，基本不出 MVV 三项，并无我国企业的"子文化"设置。因此，MVV+ 基文化，所做哲学手册，涵盖了企业文化的核心要素。而京瓷哲学、日航哲学、KDDI哲学的基本构造，则是"经营理念"（企业使命）+"基文化"。这是最基本的哲学手册结构。

　　MVV，即使命、愿景、价值观，作为企业文化的"核心理念"，在我国的企业文化手册中，已成为标配，且大义名分的企业使命，在稻盛哲学体系中是根本。

然而，整个 MVV 从理论认识到提炼操作，难度很大，所以将其从第九章中单列出来，作为本章第一节详细探讨。

《哲学手册》完成后，需要贯彻实施。因此，本章第二节讲述"哲学共有与哲学落地"。

一、核心理念 MVV 设计

（一）企业使命

1. 使命的意义

经营十二条的"第 1 条明确事业的目的意义——确立光明正大的、符合大义名分的崇高目的"，属于"企业使命"的范畴，是经营哲学的根本，在经营十二条中具有 90% 的重要性。同时，使命连同愿景，成为企业战略的起点，见图 10-1。

企业战略管理的第一步是环境分析，最经典的分析工具是 SWOT，即分析自身的优势—劣势及环境的机遇—威胁；第二步是制定使命—愿景；第三步是建

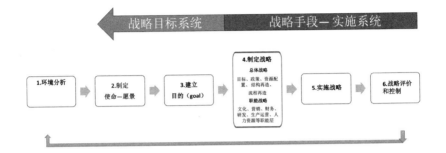

图 10-1 企业战略管理过程

立目的体系；第四步是制定战略；第五步是实施战略；第六步是在实施过程中的战略评价和控制，并连接第一步形成流程闭环。很多知名战略管理教材总是把愿景放在使命前面，是不妥的。理由很简单，"为什么出发"在先，"到哪里去"在后。整个战略管理系统，可以简化为战略目标系统和战略手段—实施系统。而战略目标系统可以细化为"组织意图系统"（Organizational Purpose System），并指导计划的制订，见图 10-2。

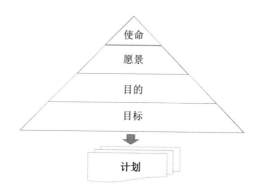

图 10-2　组织意图系统

　　总之，使命是一个组织的存在理由、运营意义、业务本质，并针对利益相关方（员工、顾客、股东、社会等）而定义。使命通过战略驱动并贯穿全部的组织运营过程。使命是一个组织运营的原点或根本，故有"不忘初心、牢记使命"之说。

2. 企业使命的写作格式

　　经过对中外企业使命文本的研究，使命的表达可归纳为 A、B、C 三种基本格式，见表 10-1。

A.业务产品型 （德鲁克之问）	B.社会责任型 （稻盛式社会使命）	C.利益相关方型 （宗旨）
• 为顾客/社会解决问题 • 为顾客/社会创造价值	追求全体员工物质与精神两方面幸福的同时，为人类与社会的进步和发展做出贡献	• 对"员工、客户、股东、社会、合作方"等义务

表 10-1　企业使命格式

A. 业务产品型使命

德鲁克先生指出："企业是社会的器官，是一种社会分工的机制，企业的本质是为社会解决问题。"而为社会解决问题的基础，是为顾客解决问题。他于 1954 年提出的事业理论（The Theory of Business）的三个核心问题，被称为"德鲁克之问"：

1. 我们的业务是什么？

2. 谁是我们的顾客？

3. 顾客的认知价值是什么？

基于挖掘业务/产品对顾客的价值，提炼使命，是最基本的。典型案例如下：

星巴克

振奋和滋养人类精神——当下一人、一杯、一邻。[1]

京瓷公司太阳能发电事业

通过太阳能发电的技术开发和量产，为解决能源问题与地球变暖问题做贡献。[2]

腾讯

用户为本，科技向善——一切以用户价值为依归，将社会责任融入产品及服务之中，推动科技创新与文化传承，助力各行各业升级，促进社会的可持续发展。[3]

华为

把数字世界带入每个人、每个家庭、每个组织，构建万物互联的智能世界。[4]

任何产品（含服务）都有三维结构：核心产品（产品利益）、形式产品、附加产品。咖啡的形式产品是一杯有香味的液体，可能还有附加的分期付款或售后服务。但顾客购买的是咖啡带来的好处（产品利益）——滋养精神。对星巴克而言，还有品牌及环境价值。产品三维结构中的"核心产品"，对应了"德鲁克之问"的"顾客认知价值"。

京瓷太阳能业务是通过其太阳能发电业务，解决社会的能源与环境问题，并由此承担社会责任，体现了业务的大义名分。强调业务的"大义名分"，是稻盛经营哲学的特色。

腾讯使命的"用户为本，科技向善"是一个高度凝练的主题、标题，也可视为口号，可以用作广告语。但必须注意的是，很多企业提炼使命，是按照创作广告语和口号的思路，将使命问题简单化、庸俗化，而失去其战略意义。腾讯使命的实质内容是标题之后的系统陈述，并升华于其最后一句话——"促进社会的可持续发展"，这才是腾讯的存在意义和大义名分。

华为的 A 类使命，结合其业务领域，聚焦于"构建万物互联的智能世界"。华为的使命在不同语境有不同的表达格式，无不体现了宏大的格局、深远的视野，既有大义名分，又有战略定位。详见附录 13 华为C 类使命案例。

B. 社会责任型使命

此类使命以京瓷使命为典范，也称"稻盛式社会使命"。

2010 年，稻盛经营哲学青岛报告会上，稻盛先生讲解了"经营十二条"，并详细地介绍了其企业使命的产生过程。他创业之初有意无意的使命定位是"活用自己的制陶技术，开发新产品，借以问世"。创业第三年，11名新入职高中生联名交涉，要求保证每年最低工资增幅、最低奖金等。三天三夜的艰难交涉让他从内心深处理解了员工的愿望。他开始意识到经营企业应有的真正目的既不是"圆技术者之梦"，更不是"肥经营者一己之私腹"，而是对员工及其家属现在和将来的生活负责。

稻盛先生认为，这次纠纷教育了他，让他明白了经营的真正意义应该是："经营者必须为员工物质和精神两方面的幸福殚精竭虑，倾尽全力，必须超越私心，让企业拥有大义名分。"此后，稻盛将"追求全体员工物质和精神两方面幸福"放在京瓷企业使命的第一位。他认为，尽管看似过于朴实、层次太低，但没有比追求员工幸福更为崇高的使命。同时，他认为，企业作为社会的一员必须承担相应的社会责任。所以加上了"为社会的进步发展做出贡献"，于是形成了完整的京瓷企业使命。这便是"稻盛式社会使命"——在追求全体员工物质和精神两方面幸福的同时，为人类社会的进步和发展做出贡献。稻盛先生认为，50 年来京瓷的发展，都不过是贯彻这一正确使命的必然结果。

基于同样的思路，稻盛先生缔造的第二个世界五百强 KDDI 的使命是："KDDI 集团在追求全体员工物质精神两方面幸福的同时，通过传递超过期待的顾客感动，致力于为发展丰富的沟通社会做出贡献。"[5]

2010 年 2 月份，稻盛先生重建日航，首先确立了日航的企业使命。他照例将"追求全体员工物质和精神两方面幸福"放在首位，却遭到代表政府的出资机构人员的反对。稻盛坚定指出："如果没有员工的幸福，谁来向客人提供最好的服务？"最终，形成了更加系统的稻盛式企业使命表述，即 B+C 模式：

日航集团追求全体员工物质和精神两方面的幸福：

一、为顾客提供最好的服务；

二、提高企业价值，为社会进步发展做贡献。[6]

此模式的通式为：在追求员工物质精神幸福的同时 + 对 N 个利益相关方责任。

C.利益相关方型使命

基于对利益相关方责任的使命，在欧美企业也被称为宗旨（Commitment）。华为的 C 类使命非常具有典范性，值得观摩学习，见附录 13。

ABC 三类使命格式，也可以组合使用，范例如下：

中山市美科美五金电器有限公司（B+A）

追求全体员工物质和精神双幸福的同时，

为电器行业提供优质电热系统解决方案；

让世界用上安全放心的电器，人民过上美好生活。[7]

惠州市西顿照明工业发展有限公司（A+B）

以专业灯光，

给建筑以生命，

给空间以灵魂，

优化人类光环境，

给西顿人幸福的家。[8]

珠海市科力通电器有限公司（B+C）

追求员工物质和精神幸福的同时，

（1）对客户的责任：智造至美生活的便利器具，提高人们生活品质；

（2）对社会的责任：制定行业标准，引领行业创新，促进美好生活。[9]

（二）愿景

1. 概念界定

作者总会见到一些知名教科书和大公司把愿景和使命混淆，读者特别需要辨别。使命是"为了什么"，愿景是"成为什么"，为此，首先必须厘清愿景的基本概念。

Vision，中译"愿景""展望"，英文含义有"想象力""远见卓识""画面"。愿景不是广告语和口号，作为管理学范畴，特指企业及各类社会机构基于价值观和使命的——目标追求、发展定位、理想境界，具有明显的情感和理想主义色彩。愿景要回答关乎本企业"成为什么"的"战略定位"，多涉及业务领域或赛道选择、核心技术、业态定位、发展规模、行业位置、理想境界，是企业战略规划的基础，属于战略管理范畴。"行业位置"常表达为：第一、一流、领军。"理想境界"常表达为：受尊敬、受喜爱。体现该定义的战略愿景基本格式模板如图10-3所示。

图 10-3　愿景基本格式模板

2.典范案例

潍柴控股集团有限公司

以整车、整机为龙头，以动力系统为核心技术支撑，成为全球领先、受人尊敬、可持续发展的智能化工业装备跨国集团。[10]

株式会社 MAX

从一个肥皂制造商成长为一个能产生高利润和高附加值的综合化妆品制造商。[11]

中山市美科美五金电器有限公司

美科美致力成为全球优质电器核心电热系统解决

方案贡献者，成为大于1000家品牌企业的核心供应商，让大于1亿家庭（使）用有美科美发热系统的电器。[12]

愿景不是一成不变的，随着环境的变化，随着对行业、对经营的认识提高，在修改战略的同时，必然会修改战略。海尔CEO张瑞敏先生说："没有成功的企业，只有时代的企业。"海尔总是能够随着时代的变化及时调整战略、更新愿景，与此同时实现企业的蜕变、重生。海尔近年来的愿景迭代，见图10-4。

---

1. 致力于成为行业主导、用户首选的、第一竞争力的、美好住居生活解决方案服务商。
2. 通过建立人单合一双赢的自主经营体模式，对内，打造节点闭环的动态网状组织；对外，构筑开放的平台，成为全球白电行业领先者和规则制定者，全流程用户体验驱动的虚实网融合领先者，创造互联网时代的世界级品牌。
3. 成为互联网时代用户参与定制的最佳智慧生活体验服务商；为员工及全社会创客打造开放的创业平台，每个人成为自己的CEO。
4. 在"万物互联"的物联网时代，以智慧家庭引领的海尔生态品牌将为全球用户带来越来越多的美好生活体验，成为全球生态品牌的引领者。

图10-4 海尔愿景的更新迭代

资料来源：海尔官网，2021年6月17日，https://www.haier.com/about_haier/haiererpinpai/ppjj/?spm=cn.29933_pc.tab_20191023.1。及往年海尔官网信息。

---

3. 稻盛式愿景

《京瓷哲学》（46）"描绘梦想"、（62）"树立高目标"，分别从个人和企业角度谈"愿景"。其特点是"理想主义"和"现实主义"的高度结合。"理想主义"决定了稻盛式的愿景一定是锁定"世界第一"。而"现实主义"则体现在"世界第一"之前的"阶段性第一"（见图10-5）和每日工作的脚踏实地。《京瓷哲学》就是"适合于京瓷攀登高山时所需要的准备和装备"[13]，即实现"世界第一"愿景所需要的"思维方式和工作方法"。

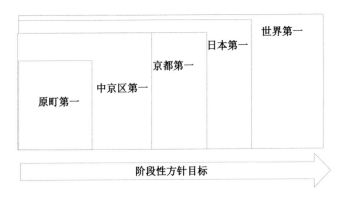

图10-5 京瓷愿景的"阶段性第一"

歃血为盟创业京瓷的八君子之一，后任京瓷社长、会长的伊藤谦介先生见证了京瓷愿景的设立和步步实现。他回忆道："京瓷尚是中小零碎企业时，塾长便赋予了我们高目标：'两家公司里的工学博士可能有百人以上之多，但只要我们努力，必定能够超越它们。并且，我们要朝着世界第一的精密陶瓷制造商的方向努力。'"[14]

作为稻盛经营哲学的追随者或盛和塾塾生企业家，其愿景必须是较大范围的"第一"。稻盛先生也是这样辅导盛和塾塾生的。

"世界第一"是世界同行的"顶峰"，的确难度很大。为此可以提出一个代换性愿景方案——"世界一流"，对比"顶峰"的唯一，它是个"方阵"。世界一流企业未必是世界五百强、未必以销售额论。在《企业文明》杂志"进军世界一流"专刊中，作者提出了"世界一流企业的三大本质维度——技术—质量、经营能力、社会责任"。当前国家鼓励中小企业走"专精新特"之路，也必将从中产生出一批"世界一流"企业。

（三）价值观

1. 企业价值观概念界定

在企业文化实践中，"什么是核心价值观？怎么提炼"是个常见问题。因为概念不明，很多以价值观为标题的企业文化条文，却不是价值观的内容。

所谓价值观（Values），是个社会学范畴，是人们关于事物是非的判断标准和重要性的排序。而企业核心价值观就是企业在经营管理活动中，那些最关键的是非标准和重要性排序，可以用做人、做事、做企业/行业的标准来表述。在中外企业有关行文中，"企业价值观"和"核心价值观"互用同义。

作者在协助企业相关工作中，开发了一个简单的工具——3V模型，已经用来协助多家企业便捷地完成价值观提炼。其开发过程是对世界杰出公司的价值观文本做内容结构分析，研究其深层结构并生成模型。

一套完善的企业价值观要涵盖三个部分：做人（V1）、做事（V2）、做企业/行业（V3）。其中做人（V1）的比重最大，可以涵盖做事（V2）、做企业/行业（V3）。这也证明了稻盛哲学原点"作为人，何谓正确"的重要性。

2. 世界杰出公司的价值观 3V 示例

世界杰出公司的价值观成熟而完善，并有效地支撑其发展。3V 模型的提炼就是以一批这样的公司为基础完成的，以下是部分案例。其中同时列出了一些公司早期与现在的价值观，体现了价值观调整的特点：内核不变、或简化聚焦或添加更新。

微软公司（2002 年引用）：拥有伟大价值观的伟大员工：

①正直诚实（V1）；

②对客户、合作伙伴和新技术充满热情（V2）；

③直率地与人相处，尊重他人并且助人为乐（V1）；

④勇于迎接挑战，并且坚持不懈（V2）；

⑤严于律己，善于思考，坚持自我提高和完善（V1）；

⑥对客户、股东、合作伙伴或者其他员工而言，在承诺、结果和质量方面值得信赖（V3）。[15]

以上六条价值观译自微软英文官网（2002-10-25），V1 占 3 项、V2 占 2 项、V3 占 1 项。

微软公司（当前引用）：我们的公司价值观：

①尊重（V1）；

②诚信（V1）；

③责任（V1）。[16]

当前微软官网发布的价值观，简化为三项，体现于 V1，但同时可用于做人、做事、做企业 / 行业。

爱依斯全球电力公司（早期）价值观：

①安全第一（V3）；

②正直行事（V1）；

③信守承诺（V1）；

④追求卓越（V2）；

⑤工作乐趣（V2）。[17]

爱依斯价值观第一项是"安全"，这是行业首要大事，具有重要性，属于 V3。

"正直行事"和"信守承诺"都是 V1 并同时涵盖 V2。"工作乐趣"（Have fun through work）——通过工作获得乐趣，是关于做事的观念，属于 V2。

爱依斯全球电力公司（当前）：恪守我们的价值观：

①安全第一（V3）；

② 最 高 标 准（在 诚 信 与 解 决 方 案 上 ）

（V1+V2+V3）；

③团结一致（All together）（V2）。[18]

爱依斯当前简化的价值观，仍然把安全排在第一位，体现了安全对电力行业的重要性，是典型的 V3。"最高标准"特指对员工、承包商、客户、合作伙伴和社区以最高诚信行事，属于 V1 同时涵盖 V2、V3，以及提供给客户的解决方案要保持全球卓越标准 V2。"团结一致"是指与员工、承包商、客户、合作伙伴和社区的合作中采取团队方式，更侧重做事，故视为 V2。

杜邦（早期）价值观：

①安全（V3）；

②健康（V3）；

③环保（V3）；

④商业道德（V1+V3）；

⑤尊重他人（V1+V3）；

⑥人人平等（V1+V3）。[19]

杜邦早期的价值观，把安全、健康、环保列在前三位，而且提出"SHE is our priorities"即"安全、健康、环保是我们的头等大事"。SHE 是安全、健康、环保的英文首字母，属于行业的大事要事，是典型的 V3。

其"商业道德""尊重他人""人人平等"涵盖个人的做人标准和做企业标准。

杜邦（当前）：我们的价值观：

①安全与健康（V3）；

②尊重他人（V1+V3）；

③最高道德标准（V1+V3）；

④保护地球（V3）。[20]

杜邦当前的价值观，较之前有所简化，"安全与健康"并列排在了第一位，是行业要事大事，仍是 V3。而"尊重他人、最高道德标准"兼有做人和做企业的标准。"保护地球"侧重对企业的要求，属于做企业的标准 V3。

在价值观设计上，需要注意避免的问题如下：

1. 空洞化：口号化和广告语化以及语言华丽，过于追求形式美。在提炼价值观时，要考虑其应用场景，如招聘、考核，并考虑可量化。

2. 无人化：缺乏"做人标准"和对人的关怀，只有"客户至上""追求完美"之类"任务导向"内容。

优秀企业的价值观，离不开"诚信""责任"之类的做人标准和对人的关怀，如"尊重"。

3.通用化："诚信敬业、追求卓越"之类价值观的确具有共性，企业都需要。但需要尽可能使用个性化语言、增加个性化、行业性内容。比如，有的公司诚信表达为"实诚""厚实""本分"，有的公司结合行业增加了"低碳""健康"。

在广东盛和塾的哲学建设工作坊上，东莞市功夫客食品有限公司的价值观设计，参考了前述"京瓷十大核心价值观"，结合公司所在行业及自身文化基因，提交了如下初稿：

诚实·博爱　亲切·忍耐；

安全第一　绿色有机。

二、哲学共有与哲学落地

"哲学共有"，是将"稻盛经营哲学"结合自身行业与企业情况，经过消化、转化，采取一系列措施，变成全体员工的哲学或思维方式并产生实践效果的过程。

最后一次盛和塾世界大会，即第27届盛和塾世界大会上，稻盛先生嘱咐塾生："哲学不仅经营者自己要实践，而且要与全体员工共有。"足以见得"哲学共有"的重要性。"哲学共有"在企业常俗称"哲学落地"，并因其形象易懂而广为采用。作者在调研、参与各地塾生企业践行稻盛哲学经验基础上，归纳了"哲学落地飞机模型"，以梳理哲学共有的路径与方法，见图10-6。

图10-6 哲学落地的飞机模型

"喻取少分"并不完全等同，却可以让我们分析事物的共性规律。飞机落地相关要素有：环境气候，机长，指示灯，落地三度（高度、速度、角度），操作技术和停机平台六大因素。

（一）环境气候条件

飞机落地需要合适的气候条件，稻盛经营哲学在企业的导入落地也同样与环境气候有关，主要是外界宏观环境。

对中国企业而言，哲学落地的宏观环境，主要指全球化背景下，国内的政治、社会文化、经济三大环境。

稻盛经营哲学具有"员工幸福论、社会贡献论"的特征，强调"公平正义、诚实敬业"的价值观。当国家的大政方针与之一致时，便是其有利的落地气候。

稻盛经营哲学以中国优秀传统文化为重要源流，当全社会重视弘扬中华优秀传统文化时，便是其有利的落地气候。

稻盛经营哲学是在艰难与困境中产生的哲学，经济萧条、成本上涨及竞争加剧等不利环境，却是其有利的落地气候。

（二）机长

飞机由机长操纵，"机长"喻指企业一把手——经营者，是哲学落地的关键，因此所用篇幅最多，其相关要素如下：

1.三心

哲学能否在企业落地，首先取决于一把手的三心：信心、发心、决心。信心是对稻盛经营哲学的坚信。发心是导入稻盛经营哲学的动机，不是让职工听话多干活儿，而是真心为了员工的成长和幸福。决心是对导入和实践稻盛经营哲学"必须做到"的坚决意志：遇到抵触不灰心，对于顽固抵制者不惜分道扬镳。

2.率先垂范

在"三心"的基础上，哲学落地的第一步和贯穿始终的主轴就是经营者的率先垂范。其具体含义如下：

首先，在学习上要带头甚至先于一般干部员工学习稻盛经营哲学，读书读得多、读得透，这是学习上的率先垂范。

其次，模范地践行哲学，并将哲学用自己的行动示范出来。其中的关键内容是：（1）"追求全体员工物质精神幸福"的具体措施；（2）比员工更加努力地工作；（3）与员工心连心、平等的伙伴关系、家人般的亲密；（4）"玻璃般透明的经营"尤其是公开自己的公务费用明细。

最后，作为领导风格的"率先垂范"，是深入一线指挥工作、贯彻哲学。"率先垂范"是稻盛先生重建日航开展意识改革的第一个也是贯穿始终的动作，详见第五章（17）"率先垂范"的解析。

3. 讲述哲学

经营者亲自向员工讲述哲学，即哲学教育，是哲学落地的基本方式。在（59）"统一方向，形成合力"中，稻盛先生讲过，他会花大量时间做员工的思想工作。最后一届盛和塾世界大会上稻盛先生的塾长讲话，对塾生的嘱咐就是以"如何讲述哲学"为主题的。稻盛先生的接班人伊藤谦介先生，从稻盛先生那里学到了"领导人必须成为一名讲述者，可以用自己的话表达自己的想法"，并指出："领导者倾注灵魂，热情地向部下讲述，并且讲的这个话还得因地制宜，和每个部下各自的工作结合起来。如果做不到这两点，就无法期待部下能够正确地接收并实践自己的想法。"

4. 抓哲学、促经营

经营者要意识到哲学和业务，是一不是二，通过抓哲学促进经营，通过经营落地哲学。具体做法是：

①建立企业文化 / 哲学工作机构，如企业文化部，并亲自分管；

②利用各种机会向各级员工讲述哲学，做好"讲述者"；

③在深入一线、率先垂范的工作中，结合一线业务工作讲述哲学；

④在数字化经营中，透过核算表等报表的数字，分析背后的哲学问题；

⑤对员工的工作表现及公司的运营表现，能从哲学角度分析评价，并采取对策。

（三）指示灯

《哲学手册》被喻为飞机落地的指示灯，特指《哲学手册》是企业"做人""做事""做企业"的原理原则，是思想与行为的依据。如前所述，编写的《哲学手册》主要技术路线是"食稻有化、哲学有谱"。特定企业《哲学手册》的产生，是消化、转化《京瓷哲学》为主的稻盛经营哲学的结果，特别是经过了 SWE

诊断分析强化了《哲学手册》的个性化、针对性。因此，《哲学手册》就可以成为每位员工做人做事及企业层面经营管理工作的指南或"圣经"。因此，在编写《哲学手册》时，必须考虑每个条目的"可读性"和"行为指导性"，即"可操作性"。

《日航哲学》编写完成后，立即成为全体日航员工学习和践行哲学的依据。大家把它随身携带，时常学习，遇到疑惑或困难时可供查阅并从中找到答案。

指示灯的比喻，并不是完全贴切。其实，《哲学手册》的编写工作已经开启了哲学落地的过程。通过编写参与者精读《京瓷哲学》、设计哲学架构、阐释哲学条目，他们已经开始接受并践行哲学了。尤其是当参与编写的成员扩大到更多员工甚至全员，哲学落地面会更广。

（四）高度与速度

以飞机落地作比喻，需要低空并把握角度和速度，然后平稳落地。

1.**高度与角度**：以飞机落地的高度与角度比喻哲学落地的抓手，要在低空选择合适的角度，要选择最接地气的、贴近员工生产与生活的小事、细节，作为切入点，如食堂饭菜改善、宿舍条件改善、企业环境改善、工作改善提案等。

2. **速度**：哲学落地不可急于求成，贵在长期坚持。要选择合适的推进强度或力度。如果学习频率过高，会影响员工的休息和家庭生活，导致抵触和逆反。

（五）操作技术

操作技术，是指哲学落地的方式方法。根据观察，总结优秀企业的文化实践方法，可以归纳出七类落地技术。其中涉及的"哲学 / 文化"、"哲学"、"文化"概念基本通用，其所对应的落地规律方法，相同一致。

1. 宣讲学习类

对公司的哲学及稻盛经营哲学的宣讲学习，是哲学落地的基础做法，主要有如下形式：

①宣讲会 / 报告会 / 大讲堂（全公司范围）；

②班后会 / 班前会 / 晨会（部门范围）；

③学习会 / 读书会（部门范围或分层次举办）。

宣讲学习活动中的宣讲人，通常有如下类型：

①企业一把手；

②各级干部；

③职能人员及基层宣讲员；

④外部讲师。

宣讲学习类哲学教育的注意点是：制订计划、固定时间频率、持续推进。

学习会/读书会是哲学教育的主要方式，日航重建的意识改革，对于52名董事/部长级干部、3000名中层干部以及《哲学手册》完成后的全员哲学教育，都采用了学习会形式，其实践要点是：

①合理安排学习时间频率；

②系统、长期持续进行，每次几条；

③合理组织学习群组；

④必须联系自身工作，个人/企业检视；

⑤配合微信群分享；

⑥编辑刊发优秀体会文章；

⑦奖励、评比；

⑧领导点评；

⑨硬性规定与自发结合；

⑩哲学学习情况配合人事考核。

2. 传播沟通类

"文化/哲学落地"的另外一种表述是"入眼、入心、入行"。利用各种视听媒体辅助哲学落地，是企业相关实践中的常见做法。具体形式归纳如下：

①目视看板系统：理念标语／口号、文化墙、管理看板；

②建筑环境系统：文化理念雕塑、建筑，如海尔"灵慧石"、"冰山一角"；

③微信公众号、内网：基于手机的方便性，微信公众号传播力值得借助；

④闭路电视与内部广播：电视屏幕及广播音响可设置在食堂、操场等公共空间，利用休息时间，或专题或寓教于乐地传播企业文化或哲学；

⑤影像传播：用相机拍照或录像，记录并传播企业文化；

⑥内刊：企业文化内刊，是企业文化建设的有力工具。《海尔人》报纸就是典型例子，它每周三出刊，共四版。第一版除了公司新闻，还有类似"社论"的"述评"文章，针对当前公司的重要工作，结合企业文化进行理论联系实际的深度分析，如"流程第一位，主人先到位"。第二版、第三版是实践案例分析。第四版增加了生活化、故事化、知识性和文体性的内容。

3. 文化活动类

顾名思义,文化活动可以让文化"活"起来、"动"起来。总结企业的相关实践,可归纳如下:

①专题文化活动:如日行一善、文化主题(如"爱上工作")演讲、文化抢答、技术比武;

②文化相关的文体活动:如体现文化理念的歌咏、相声、小品、摄影、绘画(漫画)、体育比赛;

③文化相关的福利/关怀活动:如庆生日、母亲节、妇女节、亲子活动、开放日、旅游、聚餐等。

4. 案例故事类

哲学/文化相关的案例故事因其情节性,而易传播、易接受。一些经典文化故事对于理解和传承哲学/文化理念意义重大,比如京瓷"11名高中生交涉故事"之于"大义名分使命的产生"、稻盛先生重建日航时"航空联盟故事"之于"作为人,何谓正确?"、胖东来"四两荞麦面的故事"之于"爱"的信仰。稻盛先生讲解《京瓷哲学》时,始终贯穿着故事、案例。在胖东来官微的企业文化板块,可以看到四个"员工文化理念故事"专辑。

在 MBA 案例教学中,案例与故事是有区别的。案例与故事都基于"事件及其过程"。案例比较侧重叙事的结构化、信息的全面、主题的专业性，故事往往是案例写作的开端或全文的附属内容。而故事则比较单纯，突出情节性和生动性。在企业的实际工作中也可以不做区别，笼统地称为企业文化故事，或案例故事，以便广大员工参与。

案例故事在哲学 / 文化落地的具体应用，主要是利用案例故事宣讲企业哲学 / 文化、发动员工讲故事并成为正面故事的主人公。

对于典型的事件，可以开发成案例，明确主题、交代背景线索，设置案例涉及的文化 / 哲学要点，开展教育与讨论。

"工牌"外包制作出了差错，哈尔滨运美达生物科技有限公司韩佳彤董事长却将价值 300 多元的"小事儿"升级为"事件"，为我们树立了一个"案例式哲学教育"的范例。她还原了事件过程，绘制了《工牌事件工作流程图》，并提出一系列直击本质的案例讨论题："谁防范了？谁看见了？谁心动了？谁心痛了？谁有改善动作了？谁改善了？谁负责了？谁指出了？谁视而不见了？谁故意隐瞒了？谁为别人掩盖了？谁不敢发言了？谁指责下级了？谁推过揽功了？……"将技术问题上升为心性问题，并就此开展了关于"直言相谏""责任""关爱伙伴"等方面的哲学教育，取得哲学共识，统一了思想、提升了氛围。

5. 象征仪式类

仪式的作用是表达和强化某种文化 / 哲学。人的家庭生活、社会生活乃至职场生活都需要仪式感，如春节的年夜饭之于团圆、2022 年北京冬奥会开幕式之于奥运精神与中国文化精神。企业文化落地，也同样需要仪式的辅助。企业文化仪式类型如下：

①功能性仪式：有直接作用的仪式，如宣誓、晨会、空巴 / 恳亲会、交接班、茶歇、工间操。

②象征性仪式：具有象征意义的仪式，如早晨高管鞠躬迎接员工上班、表彰奖励仪式、老职工授徽、剪彩、升旗等。

6. 标杆楷模类

在需要倡导的"理念—行为"方面树立并表彰标杆楷模，从三好学生到全国劳模都是不同层面文化建设的有效方法。企业文化建设中，可以结合当前工作重点及关键哲学 / 文化理念开展相关工作。在 2013 年伊诚地产季度大会上，作者看到了针对个人或团队的"真诚标杆"和"微创新奖"等奖项的颁发与表彰。于是，"真诚"和"创新"等理念就有了具体的、可模仿的榜样，其中也伴随着案例故事。

7. 管理方式类

基于哲学／文化的管理方式，要求透过事情或经营数字，分析当事人的思维方式（心），正确的表扬、错误的纠正，并追踪相关的事或数的变化，见图10-7。这也是案例分析的核心思路，如前述"工牌"案例，透过工牌外包制作出现差错这件事，分析其背后的思维方式，并给予指导和纠正。之后，还要追踪观察类似事情的表现。业绩报告会，通过分析核算表的数字，可以分析相关责任人的思维方式。

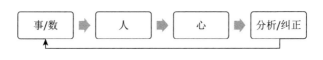

图10-7　基于哲学／文化的管理方式

（六）落地平台

"落地平台"比喻的是企业经营管理制度。"制度"

是哲学落地的坚实保障。狭义的企业文化特指企业的各种文化理念，也称"理念文化"；广义的企业文化还包括企业的各项制度，称为"制度文化"。作为理念文化的哲学手册完成后，需要据此全面建立健全或修订制度文件，尤其是包含薪酬、绩效、考核、福利的人事制度。

最敏感的制度莫过于分配制度。很多企业导入稻盛哲学后，都有类似的举措，如：员工工资平均上调20%，基层提幅大，中层提幅小，高层不提。

导入稻盛经营哲学后，企业最常修改的制度还有工时制度。为了避免员工加班、影响身体并保障休息，将计件工资制变为计时工资制。对于销售岗位，调整固定工资与提成工资的比例，减少直至取消提成工资。

最关键的制度保障要配合阿米巴经营，导入京瓷以"资格等级制度"为核心的教育、考核、薪酬制度，从而形成"京瓷式"——"哲学—人事—阿米巴"三驾马车体系。

最直接影响员工行为的制度就是考核制度。你考核什么，员工就重视什么。很多重视哲学／文化的企业开始考核价值观或哲学，并与薪酬奖金挂钩，具体的表格设计和制度细节，不在本书主题之内，故暂不涉及。

附录

附录1

京瓷哲学内在逻辑

纲	目	条
人生哲学 15 19%	一、提高心性 7	1. 与"宇宙的意志"相协调
		2. 爱、真诚及和谐之心
		……
	六、思考人生 8	43. 人生·工作的结果 = 思维方式 × 热情 × 能力
		……
		50. 人生须时时反省
工作哲学 35 45%	二、精益求精 17	9. 构筑信赖关系
		10. 贯彻完美主义
		……
	三、做出正确 判断 5	25. 把利他之心作为判断基准
		……
	四、达成新事 业 7	30. 怀有渗透到潜意识的、强烈而持 久的愿望
		……
	五、战胜困难 6	37. 具备真正的勇气
		……
经营哲学 28 36%	第二章 12 经营要诀	51. 以心为本的经营
		……
	第三章 6 人人都是经 营者	63. 定价即经营
		……
	第四章 10 关于开展日常 工作	69. 提高核算意识
		……
		78. 要把事情简单化

附录2

A 正思维评价

正思维条目：高分特征	自评分
1.建设性：拥有乐观向上的态度和富有建设性的思想。	
2.协调性：具备和他人一起工作的协调性，能包容别人、配合别人。	
3.肯定性：性格开朗，待人接物抱有肯定的态度，且充满善意、体谅他人、温文尔雅。	
4.认真性：态度要认真，对生活、对工作严肃严谨，有高追求，不苟且；及时复盘并改进。	
5.正直性：不虚伪、不欺骗、不说假话、不奉承、不作假、遵纪守法、守规则。	
6.谦虚性：自知不足，虚心接受意见；低调、处下、谦恭、谦卑、谦和。	
7.努力性：努力奋斗、不贪图安逸享乐、不懈怠、持续精进。	
8.利他性：不自私自利，乐于关心和帮助他人，舍得付出并分享财、物、时间、知识。	
9.知足性：不贪得无厌，知足；节俭不奢、朴实朴素，名利与衣食住行等物质享受要求低。	
10.感恩性：懂感恩，对所得、对他人付出，对大自然、对父母、对社会、对国家有感恩心。	

（续表）

B 负思维评价

负思维条目：低分特征	自评分
1. 否定性：消极否定、拒绝合作的态度。	
2. 阴暗性：心理阴暗、充满恶意、心术不正。	
3. 邪恶性：有企图陷害他人的想法，即使没有，有无幸灾乐祸？	
4. 敷衍性：做事马虎。	
5. 欺骗性：满嘴谎言。	
6. 傲慢性：态度傲慢，自以为是、自我膨胀、目中无人，表面谦虚、内心傲慢。	
7. 懒惰性：懒惰懈怠。	
8. 贪婪性：自私自利、贪得无厌。	
9. 乖戾性：心怀不满、愤愤不平；无名火、不开心；看人别扭、厌烦。	
10. 怨嫉性：怨恨他人、嫉妒他人。	

附录 3

工作哲学实践结构

工作哲学35	爱业敬业	1. 爱上工作	
		2. 认真努力埋头苦干	
		3. 踏实地坚持不懈	
	职品操守	1. 为伙伴尽力	
		2. 戒除私心才能正确判断	
		3. 把利他之心作为判断基准	
		4. 注重公私分明	
	积极主动	1. 自我燃烧	
		2. 成为漩涡的中心	
		3. 在相扑台中央发力	
		4. 自己的道路自己开拓	
		5. 有言实行	
	战胜困难	1. 具备真正的勇气	
		2. 燃起团队的斗志	
		3. 坚持信念,	
		4. 不成功决不罢休	
	创新工作	1. 把自己逼入绝境	
		2. 怀有渗透到潜意识的强烈而持久的愿望	
		3. 追求人类无限的可能性	
		4. 勇于挑战	
		5. 成为开拓者	
		6. 要不断从事创造性的工作	

工作哲学 35	**创新工作**	7. 认为不行的时候正是工作的开始	
		8. 乐观构思，悲观计划，乐观实行	
	职人匠心	1. 实践重于知识	
		2. 重视经验	
		3. 探究事物的本质	
		4. 具备均衡的人格，	
		5. 大胆与细心兼备，	
		6. 能力要用将来进行时，	
		7. 以有意注意磨练判断力	
		8. 深思熟虑到看见结果	
		9. 贯彻完美主义	
		10. 制造完美无瑕的产品	
		11 倾听产品的声音	

附录4

经营哲学逻辑结构扩展表

经营哲学	经营要诀/经营方针	1.遵循原理原则	方针类
		2.以心为本开展经营	
		3.以大家族主义开展经营	
		4.贯彻实施实力主义	
		5.重视伙伴关系	
		6.构筑信赖关系	
		7.玻璃般透明的经营	
		8.全员参与经营	
		9.贯彻顾客至上主义	
		10.光明正大地追求利润	
		11.树立高目标	
		12.重视独创性	
	在京瓷人人都是经营者/经营理念	1.每天都进行核算	方法类
		2.追求销售最大化和费用最小化	
		3.定价即经营	
		4.提高核算意识	
		5.节俭为本	
		6.现金流经营原则	
		7.贯彻健全资产原则	
		8.按所需数量购买必需物品	
	关于开展日常工作/管理理念	1.设立具体目标	
		2.使目标众所周知，彻底贯彻	
		3.统一方向，形成合力	
		贯彻现场主义	
		4.率先垂范(管理风格)	
		贯彻一一对应原则	
		5.贯彻双重确认原则	
		6.贯彻公平竞争精神（组织风气）	
		7.直言相谏（管理风格）	
		8.要把事情简单化	

附录5

京瓷哲学手册结构推测示意

章（纲）	节（目）	条
社训·经营理念·经营思想	社训	敬天爱人
	经营理念	追求全体员工物质与精神两方面幸福的同时，为人类和社会的进步与发展做出贡献。
	经营思想	与社会共生。与世界共生。与自然共生。将共生（LIVING TOGETHER）作为所有企业活动的基础，追求与世间万物的协调。
	以心为本的经营	京瓷在成立初始，只是一个缺乏资金、信用、业绩的小街道工厂。可以依靠的只是仅有的技术和相互信任的伙伴。为了公司的发展，大家都竭尽全力，经营者也用毕生的努力回报大家的信赖，坚信工作伙伴决不是为了私利私欲，所有员工都真心地庆幸自己能够在这个公司工作，人人都希望公司不断发展，这就是京瓷的经营。虽然常言人心易变，但同时也再没有比它更坚不可摧的。以这样牢固的心与心的连接为基础的经营，就是京瓷的原点。
第一章度过美好的人生	一、提高心性	1. 与"宇宙的意志"相协调
		2. 爱、真诚及和谐之心
		……
	二、精益求精	9. 构筑信赖关系
		10. 贯彻完美主义
		……
	三、做出正确判断	25. 把利他之心作为判断基准
		……

（续表）

章（纲）	节（目）	条
第一章 度过美好 的人生	四、达成 新事业	30. 怀有渗透到潜意识的、强烈而持久的愿望 ……
	五、战胜 困难	37. 具备真正的勇气 ……
	六、思考 人生	43. 人生·工作的结果 = 思维方式 × 热情 × 能力 ……
第二章 经营要诀		51. 以心为本的经营 ……
第三章 做到人人 都是经营 者		63. 定价即经营 ……
第四章 关于开展 日常工作		69. 提高核算意识 …… 78. 要把事情简单化

资料来源：京瓷官网，2022 年 5 月 18 日，https://www.kyocera.com.cn/company/summary/philosophy.html。

附录6

哲学手册一般架构

题	纲	目	条
根文化	信念		敬天爱人
主文化	企业使命		追求全体员工物质与精神两方面幸福的同时,为人类和社会的进步与发展做出贡献。
	经营思想		与社会共生。与世界共生。与自然共生。将共生(LIVING TOGETHER)作为所有企业活动的基础,追求与世间万物的协调。
	经营方针		以心为本的经营
基文化	人生哲学 15 19%	提高心性(7)	1. 与"宇宙意志"相协调 ……
		思考人生(8)	43. 人生·工作的结果 = 思维方式 × 热情 × 能力 ……
	工作哲学 35 45%	精益求精(17)	8. 为伙伴尽力 ……
		做出正确判断(5)	25. 把利他之心作为判断基准 ……
		4. 达成新事业(7)	30. 怀有渗透到潜意识的、强烈而持久的愿望 ……
		5. 战胜困难(6)	37. 具有真正的勇气 ……

（续表）

题	纲	目	条
基文化	经营哲学28 36%	经营要诀（12）	51. 以心为本的经营
			……
		人人都是经营者（6）	63. 定价即经营
			……
		关于开展日常工作（10）	69. 提高核算意识
			……
			78. 要把事情简单化

附录7

哲学文化手册通用架构(京瓷式模板)

题	纲	目	条
根文化	信念		
主文化	使命		
	愿景		
	价值观		
	企业精神		
	……		
子文化	经营理念	经营方针	
		工作作风	
		团队理念	
		质量理念	
		营销理念	
		……	
基文化	人生哲学	提高心性	与宇宙意志相和谐
			爱、真诚、和谐之心
			……
		思考人生	人生·工作的结果 = 思维方式 × 热情 × 能力
			抱纯粹之心走人生之路
			……

（续表）

题	纲	目	条
基文化	工作哲学	工作观 / 态度	认真努力，埋头苦干
			爱上工作
			……
		工作方 法 / 能力	乐观构思、悲观计划、乐观实行
			探究事物的本质
			……
	经营哲学	经营原则	以心为本开展经营
			光明正大地追求利润
			……
		经营方法	定价即经营
			销售最大化、费用最小化
			……

附录8

《京瓷哲学》读书打卡进度表

分享日期	值日生	章	节	条	条文	页
		序言/推荐序				
		提高心性				
		1. 度过美好的人生	1提高心性	1	与"宇宙的意志"相协调	6—16页
				2	爱、真诚及和谐之心	16—19页
				……		
			2精益求精	8	为伙伴尽力	40—46页
				9	构筑信赖关系	46—51页
				……		
			3做出正确判断	25	把利他之心作为判断基准	158—171页
				26	大胆与细心兼备	171—177页
				……		
			4达成新事业	30	怀有渗透到潜意识的、强烈而持久的愿望	202—213页
				31	追求人类的无限可能性	213—224页
				……		
			5战胜困难	37	具备真正的勇气	259—266页
				38	点燃团队的斗志	266—269页
				……		

（续表）

分享日期	值日生	章	节	条	条文	页
		1. 度过美好的人生	6 思考人生	43	人生·工作的结果＝思维方式 × 热情 × 能力	290—311 页
				44	认认真真地过好每一天	311—314 页
					……	
		2. 经营要诀	—	51	以心为本的经营	344—346 页
			—	52	光明正大地追求利润	346—348 页
			—		……	
		3. 在京瓷人人都是经营者	—	63	定价即经营	402—438 页
			—	64	销售最大化、费用最小化（量入为出）	438—448 页
			—		……	
		4. 关于开展日常工作	—	69	提高核算意识	486—493 页
			—	70	以节俭为本	493—499 页
			—		……	
			—	78	要把事情简单化	554—559 页

SWE 分析汇总表

因素	现象简述	文化归因 / 要素关键词
S 关键成功因素		
因素	现象简述	逆向提炼 / 补短
W 关键阻碍因素		
E 战略文化	机遇 / 威胁、战略 / 任务、问题与要求	哲学 / 文化对策

附录 10

日航哲学架构

纲	目	条
第1部 为了度过美好的人生（人生观、工作观）	第1章 成功方程式	1. 人生·工作的结果 = 思维方式 × 热情 × 能力
	第2章 持有正确的思维方式	1. 以"作为人，何谓正确？"进行判断
		2. 拥有美好的心灵
		3. 常怀谦虚、坦诚之心
		4. 保持乐观开朗的心态
		5. 小善似大恶，大善似无情
		6. 在相扑台中央发力
		7. 要把事情简单化
		8. 两极兼备
	第3章 怀抱热情，积累平凡努力	1. 融入生命，认真工作
		2. 脚踏实地，坚持不懈
		3. "有意注意"地工作
		4. 自我燃烧
		5. 追求完美
	第4章 能力一定会进步	1. 能力一定会进步
第2部 为了创建一个崭新的日航（经营观）	第1章 每个人都是日航	1. 每个人都是日航
		2. 直言相谏
		3. 率先垂范
		4. 成为旋涡的中心
		5. 受托珍贵生命的工作
		6. 深怀感谢之心
		7. 贯彻顾客视角
	第2章 提高核算意识	1. 销售最大化、费用最小化
		2. 提高核算意识
		3. 光明正大地追求利润

（续表）

纲	目	条
第2部 为了创建 一个崭新 的日航 （经营观）	第2章　提高 核算意识	4. 经营要依靠正确的数字
	第3章　团结 一心	1. 最佳接力赛
		2. 形成合力
		3. 贯彻现场主义
		4. 贯彻实力主义
	第4章　成为 燃烧的集体	1. 怀有强烈而持久的愿望
		2. 不成功决不罢休
		3. 有言实行
		4. 具备真正的勇气
	第5章　持续 创新	1. 今天胜过昨天、明天胜过今天
		2. 乐观构思、悲观计划、乐观实行
		3. 思考到"看见结果"为止
		4. 决策果断、行动迅速
		5. 勇于挑战
		6. 树立高目标

资料来源：日航官网，2022 年 6 月 12 日，https://www.jal.com/ja/outline/conduct.html。

附录 11

果多美哲学迭代设计过程稿（示意）

纲	目	条
追求物心双幸福	成功方程式	人生·工作的结果 = 思维方式 × 专注 × 坚持
	思维方式	拥有坦诚之心
		动机至善，私心了无
		……
	专注	付出不亚于任何人的努力
		……
	坚持	脚踏实地，坚持不懈
		怀有渗透到潜意识的强烈而持久的愿望
		……
为了创建一个加强型的果多美	人人都是经营者	全员参与经营
		成为旋涡的中心
		……
	齐心协力	统一方向，形成合力
		……
	燃烧的斗魂	点燃团队的斗志
		不达目的绝不罢休
		……
	提高核算意识	数据指导经营
		销售最大，费用最少
		时间最少，效率最高
		玻璃般透明的经营

（续表）

纲	目	条
为了创建一个加强型的果多美	创新意识	树立高目标
		具备真正的勇气
		勇于挑战
		重视独创性

资料来源：北京果多美水果连锁超市，2022 年。

附录 12

果多美哲学架构定稿（示意）

纲	目	条
第一篇平凡创造非凡	第 1 章成功方程式	人生·工作的结果 = 思维方式 × 热情 × 能力
	第 2 章正确做人是非凡的开始	1. 从"利己"到"利他"
		2. 以阳光心态与周围相融
		3. 对身边的人和事常怀感恩之心
		……
	第 3 章努力做事是非凡的过程	8. 突破自我，走出舒适区，站上更大舞台
		9. 爱上工作
		10. 精益求精，在平凡中创造非凡
		11. 自我燃烧，成为团队中的灵魂人物
		……
	第 4 章能力一定会与日俱增	13. 能力要用将来进行时
		14. 在学习和实践中提升能力
	第 5 章真正的幸福	真正的幸福
第二篇共筑伟大事业	第 1 章我们共创果多美	15. 人人都是果多美
		16. 统一方向，形成合力
		……
	第 2 章顾客成就果多美	20. 贯彻顾客至上主义
		21. 服务从微笑开始
		……
	第 3 章经营强健果多美	27. 用良知经营企业，光明正大地追求利润
		……
		37. 定价即经营
		38. 鲜度是果多美的生命线
		39. 贯彻现场主义

资料来源：北京果多美水果连锁超市《果然不凡：果多美奋斗者成长手册》，2021 年。

附录 13

华为的 C 类企业使命

我们为世界带来了什么？

为客户创造价值。 华为和运营商一起，在全球建设了 1500 多张网络，帮助世界超过三分之一的人口实现连接。华为携手合作伙伴，为政府及公共事业机构，金融、能源、交通、制造等企业客户，提供开放、灵活、安全的端管云协同 ICT 基础设施平台，推动行业数字化转型；为云服务客户提供稳定可靠、安全可信和可持续演进的云服务。华为智能终端和智能手机，正在帮助人们享受高品质的数字工作、生活和娱乐体验。

推动产业良性发展。 华为主张开放、合作、共赢，与客户合作伙伴及友商合作创新、扩大产业价值，形成健康良性的产业生态系统。华为加入 360 多个标准组织、产业联盟和开源社区，积极参与和支持主流标准的制定、构建共赢的生态圈。我们面向云计算、NFV/SDN、5G 等新兴热点领域，与产业伙伴分工协作，推动产业持续良性发展。

促进经济增长。 华为不仅为所在国家带来直接的税收贡献，促进当地就业，形成产业链带动效应，更重要的是通过创新的 ICT 解决方案打造数字化引擎，推动各行各业数字化转型，促进经济增长，提升人们的生活质量与福祉。

推动社会可持续发展。 作为负责任的企业公民，华为致力于消除全球数字鸿沟，在珠峰南坡和北极圈内，在西非埃博拉疫区、日本海啸核泄漏、中国汶川大地震等重大灾难现场，都有华为人的身影；推进绿色、低碳的环保理念，从产品规划、设计、研发、制造、交付以及运维，华为向客户提供领先的节能环保产品和解决方案；华为 "未来种子" 项目已经覆盖 108 个国家和地区，帮助培养本地 ICT 人才，推动知识迁移，提升人们对于 ICT 行业的了解和兴趣，并鼓励各个国家及地区参与到建设数字化社区的工作中。

为奋斗者提供舞台。 华为坚持 "以奋斗者为本"，以责任贡献来评价员工和选拔干部，为员工提供了全球化发展平台、与世界对话的机会，使大量年轻人有机会担当重任，快速成长，也使得十几万员工通过个人的努力，收获了合理的回报与值得回味的人生经历。

资料来源：华为投资控股有限公司《2015 年可持续发展报告》，2022 年 5 月 2 日，https://www.huawei.com/cn/sustainability/sustainability-report。

注　释

基础篇

第一章　稻盛和夫人物研究

［1］［日］安冈正笃：『東洋思想と人物』，转引自陈涛：《“昭和的教主”安冈正笃政治思想体系研究》，世界知识出版社2010年版，第35页。

［2］李健：《朴素为王》，中国文史出版社2014年版，第20页。

［3］杨伟：《日本文化论》，重庆出版社2008年版，第2页。

［4］杨伟：《日本文化论》，重庆出版社2008年版，第4-5页。

［5］杨伟：《日本文化论》，重庆出版社2008年版，第7页。

［6］［日］和辻哲郎：《风土》，转引自杨伟：《日本文化论》，重庆出版社2008年版，第7页。

［7］杨伟：《日本文化论》，重庆出版社2008年版，第13页。

［8］ 吕万和:《鲁思·本尼迪克特小传》,载［美］鲁思·本尼迪克特:《菊与刀》,商务印书馆 2012 年版,第 287 页。

［9］ ［美］鲁思·本尼迪克特:《菊与刀》,吕万和译,商务印书馆 2012 年版。

［10］ ［日］稻盛和夫:《稻盛和夫自传》,陈忠译,华文出版社 2010 年版,第 1 页。

［11］ ［日］稻盛和夫:《母亲的教诲改变我的一生》,邓超译,光明日报出版社 2018 年版,第 64–65 页。

第二章 稻盛经营哲学概述

［1］ 伊藤谦介:《企业的永续发展与企业理念的继承》,2021 年 12 月 13 日,稻盛和夫线上课堂公众号。

［2］ 曹岫云:《心纯见真》,广东盛和塾第十一届企业经营报告会,中山:广东盛和塾,2021。

［3］ ［日］PHP 研究所:《后记》,载［日］稻盛和夫:《心法之肆:提高心性 拓展经营》,曹岫云译,东方出版社 2016 年版,第 180–181 页。

［4］ 季羡林:《序》,载［日］稻盛和夫:《新经营·新日本》,吴忠魁译,国际文化出版公司 1996 年版,第 7 页。

［5］ 曹岫云:《稻盛和夫与中国文化》,东方出版社 2021 年版,第 10 页。

［6］ ［日］稻盛和夫:《心法之贰:燃烧的斗魂》,曹岫云译,东方出版社 2014 年版,第 72 页。

［7］ 庄兵:《日本古代会通儒佛的第一人—圣德太子》,《中国哲学史》2010 年第 1 期。

［8］ 秦颖:《二宫尊德报德思想多维探究》,中国社会科学出版社年 2013 版,第 73 页。

［9］［日］本山七平:《日本资本主义精神》,莽景石译,三联书店 1995 年版,第 127 页。

［10］ 悟义:《禅问》,中国社会科学出版社 2018 年版,第 83 页。

［11］ 叶渭渠:《日本文化通史》,北京大学出版社 2009 年版,第 215–221 页。

［12］［美］贝拉:《德川宗教:现代日本的文化渊源》,王晓山等译,生活.读书.新知三联书店 2003 年版,第 209 页。

［13］ 叶坦:《中日近世商品经济观及其现代价值——以石门心学和浙东学派为中心》,《文史哲》,2007 年第 4 期。

［14］［日］竹中靖一:《石门心学的经济思想》,转引自崔海燕:《石田梅岩的商人道及其哲学思想》,延边大学硕士学位论文,2003 年。

［15］ 吴震:《日本德川心学运动中的中国因素》,《中华文史论丛》2013 年第 2 期。

［16］ 崔海燕:《石田梅岩的商人道及其哲学思想》,延边大学硕士学位论文,2003 年。

［17］ 秦颖:《二宫尊德报德思想多维探究》,中国社会科学出版社 2013 年版,第 96–97。

［18］ 秦颖:《二宫尊德报德思想多维探究》,中国社会科学出版社 2013 年版,第 123–139 页。

［19］ 王家骅:《儒家思想与日本的现代化》,浙江人民出版社 1995 年版,第 24 页。

［20］［日］福泽諭吉:《劝学篇》,群力译,商务印书馆 2011

年版，第 3 页。

［21］［日］稻盛和夫：《活法肆：开始你的明心之路》，喻海翔译，东方出版社 2010 年版，第 59–60 页。

［22］［日］稻盛和夫：《活法叁：寻找你自己的人生王道》，蔡越先译，东方出版社 2009 年版，第 4–5 页。

［23］［日］稻盛和夫：《活法叁：寻找你自己的人生王道》，蔡越先译，东方出版社 2009 年版，序言第 17 页。

［24］［日］涩泽荣一：《论语与算盘》，刘唤译，哈尔滨出版社 2007 年版，第 159 页。

［25］ 陈涛：《“昭和的教祖”安冈正笃政治思想体系研究》，世界知识出版社 2010 年版。

［26］［日］稻盛和夫：《调动员工积极性的七个关键》，曹岫云译，机械工业出版社 2015 年版，第 31 页。

［27］ 苏静：《知日，燃》，中信出版社 2014 年版，第 19 页。

［28］［日］稻盛和夫：《京瓷哲学：人生与经营的原点》，周征文译，东方出版社 2015 年版，第 180 页。

［29］［日］稻盛和夫：《京瓷哲学：人生与经营的原点》，周征文译，东方出版社 2015 年版，第 179 页。

［30］ 原田智树：《稻盛经营学的学习与实践》，日本（原）盛和塾第三届世界大会，京都：大会联络事务局，2021 年。

解析篇

第三章　稻盛人生哲学（上）

［1］　王家骅：《儒家思想与日本的现代化》，浙江人民出版社1995年版，第72页。

［2］　［美］彼得·圣吉：《第五项修炼》，郭进隆译，上海三联书店1994年版，第13页。

［3］　稻盛和夫：「経営十二ケ条1-4」，『盛和塾』第118期（郭盛译）。

［4］　［日］稻盛和夫：《京瓷哲学：人生与经营的原点》，周征文译，东方出版社2015年版，第12页。

［5］　稻盛和夫：「信念と意志―利他と利己が同居するこころの構造」，『盛和塾』第83期。

［6］　稻盛和夫：《影响人生的两大法则》，2001年大阪塾长例会，大阪：盛和塾，2001年。

［7］　熊春锦：《道德复兴论修身》，团结出版社2008年版。

［8］　稻盛和夫：《日航现场是如何发生变化的》，2020年9月1日，稻盛和夫线上课堂公众号。

第四章　稻盛人生哲学（下）

［1］　藤井敏辉：《京瓷的人才培养机制》，盛和塾课程，青岛：山东盛和塾，2017年。

［2］　参见南怀瑾：《易经系传别讲》，东方出版社2014年版。

［3］　［美］维格拉兹：《商业伦理：概念和案例》，北京大学出

版社 2002 年版，第 9–11 页。

［4］［日］稻盛和夫:《燃烧的斗魂》，曹岫云译，东方出版社 2014 年版，第 21 页。

［5］［日］稻盛和夫:《以德为本的经营》，载陈华蔚编著:《德是业之基:当代日本经营之圣稻盛和夫的经营哲学》，东方出版社 2021 年版，第 14 页。

［6］［日］大山弘泰:《我们为什么工作》，郭琼宇译，中信出版社 2012 年版。

［7］盛和塾:《中国盛和塾 E 团走进理化学工业》，2019 年 7 月 19 日，盛和塾公众号。

［8］彭训文:《劳动是一切幸福的源泉》，2020 年 11 月 25 日，http://opinion.people.com.cn/n1/2020/1125/c1003–31943142.html。

第五章　稻盛工作哲学（上）

［1］藤井敏辉:《京瓷的人才培养机制》，盛和塾课程，青岛:山东盛和塾，2017 年。

［2］藤井敏辉:《京瓷的人才培养机制》，盛和塾课程，青岛:山东盛和塾，2017 年。

［3］李海明:《松下幸之助经营之道》，北京燕山出版社 1996 年版，第 326–327 页。

［4］习近平:《在国家勋章和国家荣誉称号颁授仪式上的讲话》，2019 年 9 月 29 日，https://www.chinanews.com.cn/gn/2019/09–29/8968381.shtml。

［5］曹岫云:《心纯见真的哲学》，2016 年 8 月 1 日，https://www.kyocera.com.cn/inamori/special/column/column04.html。

［6］［日］稻盛和夫：《京瓷哲学：人生与经营的原点》，周征文译，东方出版社 2015 年版，第 558 页。

［7］［日］稻盛和夫：《京瓷哲学：人生与经营的原点》，周征文译，东方出版社 2015 年版，第 94 页。

［8］［日］原英次郎：《改法：稻盛和夫拯救日航的 40 项意识改革哲学》，宋礼农译，南海出版公司 2014 年版，第 129 页。

［9］《实践论》，载《毛泽东选集》第 1 卷，人民出版社 1969 年版，第 264 页。

［10］《实践论》，载《毛泽东选集》第 1 卷，人民出版社 1969 年版，第 264–265 页。

［11］《实践论》，载《毛泽东选集》第 1 卷，人民出版社 1969 年版，第 263 页。

［12］《实践论》，载《毛泽东选集》第 1 卷，人民出版社 1969 年版，第 267 页。

［13］胥晓莺：《今井正明：我热衷于改善的力量》，《浙商》2012 年第 5 期。

第六章　稻盛工作哲学（下）

［1］［美］戴尔·卡耐基：《人性的优点，人性的弱点》，谢彦等译，中国文联出版社 1987 年版，第 193 页。

［2］杉山彦一：「天風小伝」，中村天風：『運命を拓く 天風瞑想録』，講談社，1994 年。

［3］财团法人天风会编：『中村天風一日一話』，PHP 研究所，2005 年，19 頁。

［4］中村天風：『ほんとうの心の力』，PHP 研究所，2006

年，240–241 頁。

［5］［日］稻盛和夫:《燃烧的斗魂》，曹岫云译，东方出版社
2014 年版，自序第 19 页。

［6］ 藤井敏辉:《京瓷的人才培养机制》，盛和塾课程，青岛:
山东盛和塾，2017 年。

第七章　稻盛经营哲学（上）

［1］［日］石田梅岩:《都鄙问答》，转引自崔海燕:《石田梅岩
的商人道及其哲学思想》，延边大学硕士学位论文，2003 年。

［2］ 徐文波:《家族主义与日本企业》，对外经济贸易大学硕士
学位论文，2004 年。

［3］ 李卓:《家族制度与日本的近代化》，《南开学报》1994 年
第 2 期。

［4］ 刘容:《日本企业劳资关系的核心理念——经营家族主
义》，《辽宁师范大学学报》(社会科学版)2016 年第 2 期。

［5］ 白成琦:《日本企业应用西方行为科学的成功及其启
示》，《日本研究》1991 年第 1 期。

［6］ 黄桥:《论日本公司结构治理的现状和改革》，对外经济
贸易大学硕士学位论文，2007 年。

［7］ 徐文波:《家族主义与日本企业》，对外经济贸易大学硕
士学位论文，2004 年。

［8］ 徐文波:《家族主义与日本企业》，对外经济贸易大学硕
士学位论文，2004 年。

［9］ 上总康行:《京瓷的大家族主义经营与管理会计》，《上海
立信会计学院学报》2010 年第 1 期。

［10］ 藤井敏辉：京瓷的人才培养机制，盛和塾课程，青岛：山东盛和塾，2017 年。

［11］ 伊藤谦介：《器量决定业绩》，2021 年 8 月 10 日，稻盛和夫线上课堂公众号。

第八章　稻盛经营哲学（下）

［1］［日］原英次郎：《改法：稻盛和夫拯救日航的 40 项意识改革哲学》，宋礼农译，南海出版社 2014 年版，第 130–131 页。

［2］［日］南博：《日本人论——从明治维新到现代》，转引自葛晓畅等：《“工匠精神”与日本制造业》，《企业文明》2016 年第 7 期。

［3］［日］铃木范久：《宗教与日本社会》，牛建科译，中华书局 2005 年版，第 45 页。

［4］［美］杰克·特劳特等：《简单的力量》，谢伟山等译，机械工业出版社 2011 年版，第 23 页。

［5］［美］杰克·特劳特等：《简单的力量》，谢伟山等译，机械工业出版社 2011 年版，第 19 页。

导入篇

第九章　《企业哲学手册》与哲学导入（上）

［1］ 伊藤谦介：《企业的永续发展与企业理念的继承》，2020 年 6 月 23 日，稻盛和夫线上课堂公众号。

［2］［日］大田嘉仁：《日航奇迹》，曹寓刚译，东方出版社

2019 年版，第 137 页。

第十章 《企业哲学手册》与哲学导入（下）

［１］ 星巴克官网，2022 年 5 月 2 日，https://www.starbucks.com/careers/working-at-starbucks/culture-and-values/。

［２］［日］稻盛和夫：、山中伸弥：《匠人匠心》，窦少杰译，机械工业出版社 2016 年版，第 80 页。

［３］ 腾讯官网，2022 年 5 月 2 日，https://www.tencent.com/zh-cn/about.html#about-con-2。

［４］ 华为官网，2022 年 5 月 2 日，https://www.huawei.com/cn/corporate-information。

［５］ KDDI 官 网 ,2022 年 5 月 19 日 , https://www.kddi.com/corporate/kddi/philosophy/。

［６］ 日 航 官 网，2022 年 5 月 2 日，https://www.jal.com/ja/outline/philosophy.html。

［７］ 中山市美科美五金电器有限公司《哲学手册》，2018 年。

［８］ 西 顿 照 明 官 网，2022 年 6 月 27 日，https://www.cdn.cc/AboutNavigation/index.html。

［９］ 珠海市科力通电器有限公司《哲学手册》，2015 年。

［１０］ 潍 柴 官 网，2022 年 3 月 8 日，https://www.weichai.com/wmdgs/jtjj2018/。

［１１］ 大野範子：《全体员工齐心协力、共建为社会所需的企业》，大和自主例会，大阪：实践者经营道场「大和」，2021 年。

［１２］ 中山市美科美五金电器有限公司《哲学手册》，2018 年。

［１３］［日］稻盛和夫：《经营为什么需要哲学》，曹岫云译，中

信出版社 2011 年版，第 52 页。

［14］ 伊藤谦介：《企业的永续发展与企业理念的继承》，202
年 12 月 13 日，稻盛和夫线上课堂公众号。

［15］ 微软官网，2002 年 10 月 25 日，https://www.microsoft.
com/en-us/about/corporate-values。

［16］ 微软官网，2022 年 3 月 9 日，https://www.microsoft.com/
zh-cn/about/corporate-values。

［17］ 引自 AES 早期官网。

［18］ AES 官网，2022 年 3 月 9 日，https://www.aes.com/meet-
aes。

［19］ 引自杜邦早期官网。

［20］ 杜邦官网，2022 年 3 月 9 日，https://www.dupont.com/
about/our-values.html。